Hans-Peter Kolb

Handlungen der Liebe

Wertschätzung, Verbindlichkeit, Versöhnlichkeit

Hans-Peter Kolb

Handlungen der Liebe

Wertschätzung, Verbindlichkeit, Versöhnlichkeit

Bibliografische Information der Deutschen Nationalbibliothek:
Die Deutsche Nationalbibliothek verzeichnet diese Publikation in
der Deutschen Nationalbibliografie; detaillierte bibliografische
Daten sind im Internet über dnb.dnb.de abrufbar.

© 2020 Hans-Peter Kolb
Herstellung und Verlag:
BoD – Books on Demand, Norderstedt

ISBN: 9783751916578

Für Heidi, Michaela und Daniel

„Liebe ist eine Macht und kein Gefühl. Sie bemächtigt sich
der Herzen, aber sie entspringt nicht im Herzen. [...] Sie ist die
Macht des Lebens und garantiert seinen Fortgang gegen den Tod."
(Arendt, Denktagebuch, 2016, S. 372)

6

Inhaltsverzeichnis

8

Vorwort

Dass Liebe eine Macht ist und kein Gefühl, bedeutet, dass man für Liebe etwas machen muss, zusammen mit einem anderen oder allein handeln, eine Initiative ergreifen. Liebe gibt es daher nur im Lebendigen, d.h. sie ist die Macht des Lebens. In ihrer Vollkommenheit ist sie zwar eine Utopie, aber der Weg dorthin, die Entwicklung unserer Liebesfähigkeit, ist der Sinn unseres menschlichen Daseins. Nur so kann die von uns geschaffene Welt immer menschlicher werden.

Was können wir nun tun, wie können wir unsere Liebesfähigkeit immer weiterentwickeln? Es sind nicht nur die äußerlich sichtbaren Handlungen, sondern auch die nicht sichtbaren Aktivitäten wie Denken, Urteilen und Wollen, die zu Haltungen, Einstellungen und Stimmungen führen, mit denen unsere Handlungen verknüpft sind. Aber auch umgekehrt können bestimmte Haltungen, Einstellungen und Stimmungen unser Denken, Urteilen und Wollen beeinflussen. Ferner kommt es auch darauf an, mit welchen Worten unsere Handlungen begleitet werden, insbesondere, dass sie nur in Ausnahmesituationen gewalttätig stumm sein sollten. Die Unterredung mit anderen ist daher sehr wichtig für die Entwicklung unserer Liebesfähigkeit. Daher habe ich mich entschlossen, auch dieses Buch wie mein voriges, „Die Liebe leben und das Leben lieben", im Dialog-Stil zu schreiben und schon hier im Vorwort meinen Kameraden **K** vorzustellen. Ich habe ihn einmal gefragt, wie er sich selbst anderen gegenüber beschreiben würde, und er antwortete wie folgt:

K: Am besten kann ich mich im Verhältnis und im Kontakt mit dir vor- und darstellen. Wenn du etwas zu abstrakt beschreibst, will ich es möglichst konkret wissen, **K** wie konkret. Wenn du in Theorien schwelgst, suche ich nach der praktischen Umsetzung, und falls ich mich von dir vereinnahmt fühle, wenn du „wir" oder „uns" sagst, bitte ich dich, bei dir zu bleiben und sprachlich die Ich-Form zu verwenden.

H-P (das bin ich): Dann bist du jemand, der mich immer wieder korrigiert und in die Schranken weist, der sich die Möglichkeit offenhält, anderer Meinung zu sein.

K: Genau, und nachdem ich deine einleitenden Worte gelesen habe, kam mir das „wir" und „uns" verdächtig oft vor, aber nach kritischer Prüfung kann ich es gerade noch durchgehen lassen. Und nun interessiert mich: was und wie du konkret planst, zu denken, zu urteilen und zu wollen, um deine Liebesfähigkeit weiterzuentwickeln? Und erst dann, wenn du das mit Erfolg ausprobiert hast, solltest du es anderen weiterempfehlen. Also ...

H-P: ... und darauf will ich eingehen und mit Beispielen von mir und anderen erläutern. Als Psychotherapeut kann ich dabei auf die Erfahrungen der Menschen zurückgreifen, die darunter gelitten haben, dass ihre Liebesfähigkeit insbesondere sich selbst gegenüber in der Entwicklung gehemmt wurde. So kann ich auch zeigen, dass die von mir empfohlenen nicht sichtbaren Aktivitäten der psychischen Gesundheit zuträglich sind. In weiteren Kapiteln gehe ich dann auf bestimmte Kommunikationsweisen ein, welche Formulierungen sich selbst und anderen gegenüber am besten geeignet sind, die Liebesfähigkeit meines Gegenübers und von mir zu fördern.

K: Dann bin ich mal gespannt. Ich bin sowieso kein Freund von langen Vorreden. Lass uns also anfangen!

1. Wertschätzung und Dankbarkeit

H-P: Als erstes möchte ich auf eine bestimmte Haltung zu sprechen kommen, die, wie mir scheint, eine Grundvoraussetzung für jede liebevolle Handlung ist. Eine Haltung, sowohl wörtlich als auch im übertragenen Sinn, schränkt die Wahrnehmung bestimmter Dinge ein und erleichtert die von anderem.

K: Kannst du dafür ein konkretes Beispiel geben?

H-P: Aber gerne. Wenn du mit gebeugtem Kopf durch die Gegend gehst, siehst du nichts über dir, dafür aber alles, was sich vor deinen Füßen befindet.

K: … und worüber ich stolpern könnte. Ich erinnere mich daran, wie ich einmal gestolpert bin, oder ich denke aufgrund vieler entsprechender Erfahrungen über die Möglichkeit des Stolperns beim Gehen nach und nehme daher eine gebeugte Haltung ein.

H-P: … und deswegen stellst du dich auf holprigen Wegen darauf ein, diese Haltung einzunehmen. Das ist dann eine Einstellung, wenn du den betreffenden Weg als holprig beurteilst.

K: … und wenn mir das zu mühsam ist, bekomme ich eine schlechte Stimmung, weil ich mich nicht so abmühen will.

H-P: Andererseits willst du aber nicht stolpern, sondern gut vorwärtskommen und nimmst deswegen eine gebeugte Haltung ein, weil du denkst, dass du sonst stolpern könntest. Du beurteilst ein Stolpern mit der Gefahr des Hinfallens als schlecht, und stellst dich auf den beschwerlichen Weg und deine miese Stimmung ein.

K: Vielleicht denke ich aber auch darüber nach, ob ich jetzt oder in Zukunft einen besseren Weg nehmen könnte, nachdem ich so in diese Scheiße gestolpert bin.

H-P: Kannst du dich nicht vielleicht etwas gewählter ausdrücken? Was sollen die anderen denken!?

K: Entschuldige, aber diese ganze Stolperei regt mich langsam auf. Können wir nicht auf etwas Wesentlicheres kommen?

H-P: Okay. Mit dem Stolpern hast zwar du angefangen, aber ich habe es damit vielleicht etwas übertrieben. Jedenfalls, um auf etwas Wichtigeres zu kommen und um dich nicht ständig mit dem Problem des Stolperns befassen zu müssen, konzentrierst du dich auf einmal auf positive Dinge und blickst nach oben, änderst deine Haltung. Du schätzt positive Möglichkeiten ab und kommst so zu einer wertschätzenden Haltung, nachdem du einen besseren Weg gefunden hast, auf dem du unbeschwert und mit aufrechter Haltung gehen kannst.

K: Und auch wenn ich keinen besseren Weg gefunden habe, habe ich mich wenigstens um eine wertschätzende Haltung bemüht.

H-P: … und indem du das von dir anerkennst, bekommst du eine bessere und versöhnlichere Stimmung und stellst dich besser und verbindlicher auf den Weg ein.

K: Dadurch gelingt mir alles besser und ich kann mich selbst noch mehr wertschätzen.

H-P: Bei den drei Begriffen Haltung, Einstellung und Stimmung, die unsere Handlungen einerseits beeinflussen, aber auch von ihnen beeinflusst werden, kommt der Stimmung insofern eine besondere Bedeutung zu, weil sie das Miteinander über entstehende Re- und Dissonanzen wirkungsvoller oder ineffektiver macht.

K: Wenn ich also mit dir zusammen den holprigen Weg gehe mit einer miesen Stimmung, du es aber lustig findest, dass da so viele Steine liegen, kann mich das entweder wütend machen, weil ich mich nicht ernst genommen fühle von dir – das wäre dann eine Dissonanz, sodass wir uns streiten, uns noch mehr über den schlechten Weg aufregen und vielleicht einmal mehr stolpern –, oder ich muss mit dir lachen und wir hüpfen immer schneller den Weg entlang, ohne zu stolpern.

H-P: Und diese Resonanz führt zu einer gegenseitigen Wertschätzung, die unsere Beziehung immer besser werden lässt. Übrigens, mit einer wertschätzenden Haltung, einer verbindlichen Einstellung und einer entsprechend versöhnlichen Stimmung, ist jeder offener für eine positive Resonanz mit anderen.

K: Eine wertschätzende Haltung führt zu einer verbindlichen Einstellung und diese zu einer versöhnlichen Stimmung.

H-P: Das Denken ist dadurch auf positive Möglichkeiten ausgerichtet, die ich wertschätzend beurteile, sodass ich dankbar meine entsprechenden Erfahrungen mit anderen teilen will.

K: Und die geteilte Freude ist dann doppelte Freude, willst du jetzt bestimmt sagen.

H-P: Genau.

K: Das läuft mir alles zu glatt und zu einfach, als ob es keine Probleme gibt. Das kannst du kleinen Kindern erzählen. Jeder denkt doch auch einmal an negative Möglichkeiten, beurteilt diese schlecht und nicht wertschätzend und ist alles andere als dankbar, sondern mies drauf, wenn sie oder er davon anderen erzählt. Und jetzt komm´ mir nicht mit „geteiltes Leid ist halbes Leid". Leid bleibt Leid, auch wenn es halbiert wird.

H-P: Da hast du natürlich recht. Andererseits sind in den meisten Fällen Gutes und Schlechtes gleich verteilt. Wenn du dann die Freude über Gutes verdoppelst, hast du viel mehr Freude als Leid. Das Schlechte oder Böse in der Welt kann niemand beseitigen, es kann nur in seiner Bedeutung immer kleiner gemacht werden.

K: Und du meinst, das gelingt dadurch, dass wir uns immer mehr eine wertschätzende Haltung angewöhnen? Einmal abgesehen von deiner sehr verallgemeinernden Annahme der Halb-und-Halb-Verteilung von Widrigem bzw. Schädlichem und vorteilhaft-günstigen Umständen oder Widerfahrnissen finde ich es naiv, anzunehmen, du könntest immer eine wertschätzende Haltung einnehmen und dann damit auch noch alle Probleme lösen.

H-P: Klar, wenn ich gerade gefoltert werde und nur noch Schmerz bin, gelingt mir das auch nicht, eine wertschätzende Haltung einzunehmen, und ich habe auch nicht behauptet, dass eine solche Haltung alle Probleme löst, aber ich kann mir vornehmen, wann immer es mir möglich ist, mir zu erlauben, immer mehr in eine solche Haltung zu gehen. Damit erhöhe ich dann die Wahrscheinlichkeit, dass Probleme mit der Zeit immer handhabbarer werden, weil ich eine verbindlichere Einstellung bezüglich der Beziehungen mit anderen bekomme. Deswegen gehe ich nämlich eher Verbindungen mit anderen ein, und zusammen erreichen wir mehr als jeder allein. Außerdem komme ich dadurch immer mehr in eine versöhnliche Stimmung, die auch andere anstecken kann. Fehler und Probleme nehmen wir uns so immer weniger persönlich übel und blockieren uns weniger mit gegenseitigen Vorwürfen. Diese Erfahrung habe ich selbst gemacht und inzwischen auch einige meiner Patienten.

K: Dann erzähl´ doch mal!

H-P: Wenn ich anderen Menschen begegne, fange ich meistens an zu lächeln. Wahrscheinlich habe ich das von meinem Vater abgekuckt. Ich muss allerdings dabei aufpassen, dass mein Lächeln nicht zynisch wirkt. Das hat auch mit meinem Vater zu tun. Als er beim Militär war, hat er damit seine Vorgesetzten regelmäßig auf die Palme gebracht.

K: Wie hat er das geschafft?

H-P: Sie haben dann zu ihm gesagt: „Kolb, hören Sie auf zu grienen!", worauf mein Vater erwiderte: „Ich griene nicht, ich mache nur ein dienstfreudiges Gesicht."

K: Das kann ich mir vorstellen, dass er damit die meisten zur Weißglut gebracht hat.

H-P: Ich möchte natürlich mein Gegenüber nicht reizen, sondern durch mein Lächeln Wertschätzung ausdrücken. Meistens lächeln die anderen dann zurück, und wir haben schon einmal eine gute Verbindung. Eines Tages habe ich in der Südstadt von Hannover mit Mühe und Not trotz Parkplatzknappheit einen solchen gefunden, stand allerdings dabei ein paar Zentimeter vor einer Einfahrt. Als ich ausstieg, machte mich ein Passant an, was für ein Rüpel ich sei, so unverschämt eine Einfahrt zu blockieren. Normalerweise hätte ich zurückgebrüllt, er solle sich um seinen eigenen Scheiß kümmern, aber ich hatte mir vorgenommen, mich zu bessern und nicht immer Gleiches mit Gleichem zu vergelten. Daher antwortete ich nicht mit einer sogenannten Du-Botschaft – mich Rüpel zu nennen, mein Verhalten als unverschämt zu bezeichnen oder ihm zu sagen, er solle sich um sich kümmern, sind alles Du-Botschaften, weil sie über den anderen urteilen oder ihm befehlen, was er tun soll, und solche Botschaften sind polemisch oder krass ausgedrückt Kriegserklärungen –, sondern meinte, ich sehe sehr wohl, dass ich etwas vor der Einfahrt stehe, – das „ich sehe" ist eine

Ich-Botschaft, die friedlich den eigenen Standpunkt darlegt – und fragte ihn nett und höflich, ob er mir zeigen könne, inwieweit ich tatsächlich die Einfahrt blockiere. Ich ignorierte also seine interpretierende Du-Botschaft und lenkte ab auf die Fakten. So kamen wir in ein sachlicheres Gespräch, und er vertraute mir schließlich an, dass er vor kurzem nicht aus seiner Garage herausfahren konnte, weil ein Nachbar einfach sein Auto davor abgestellt hatte. Ich zeigte ihm, dass ich seine Wut verstehe, und dass das Verhalten seines Nachbarn tatsächlich rüpelhaft und unverschämt gewesen sei, ich würde mich aber selbst anders einschätzen. Er war daraufhin etwas verlegen, und ich meinte noch, es sei ja ganz gut, dass er aufpasse, damit niemand zu Schaden käme. Wir lächelten uns dann beide an, keiner hatte sein Gesicht verloren, und das Problem war beseitigt.

K: Um mit Problemen besser umgehen zu können, soll man also eine wertschätzende Haltung einnehmen, dadurch eine verbindliche Einstellung gewinnen und eine versöhnliche Stimmung verbreiten, und Du-Botschaften machen das alles kaputt. Das meinst du doch letztendlich damit, dass man dadurch zu Handlungen der Liebe kommt, oder?

H-P: Richtig, und dazu muss ich weiterhin wissen, was Handlungen der Liebe sind, und wie ich mich dazu bringen oder motivieren kann, diese zu vollbringen und nichts Gegenteiliges. Übrigens, Handlungen der Liebe haben genauso eine ansteckende Wirkung wie die entsprechende Haltung der Liebe, die Wertschätzung und die Dankbarkeit.

K: Gut, dann gehen wir zum nächsten Thema über, wie ich wissen kann, was ich tun soll bzw. was Handlungen der Liebe sind. Angedeutet hast du das ja schon mit der verbindlichen Einstellung und der versöhnlichen Stimmung, wozu eine dankbare bzw. wertschätzende Haltung führen kann.

2. Das Wissen um Handlungen der Liebe

H-P: Zunächst möchte ich festhalten, dass jeder Mensch ein Vorwissen mitbringt, was in bestimmten Situationen zu tun ist, ohne dass er oder sie dieses Wissen rational aus der Erfahrung begründen kann.

K: Was meinst du damit?

H-P: Bei Schmerz zuckst du mit dem Körperteil zurück, der dir weh tut, z.B. mit der Hand, mit der du die heiße Herdplatte berührt hast. Wenn der Schmerz nicht sofort nachlässt, schreist du noch. Dieses Verhalten ist sinnvoll, auch wenn es dir nicht bewusst ist, wie z.B. einem kleinen Kind, denn es dient der Minderung deines Schmerzes bzw. deines Leids.

K: Stimmt, beim Zurückzucken wird die Ursache des Schmerzes abgestellt, und das Schreien mobilisiert andere, mir zu helfen, dass der Schmerz aufhört, wenn er immer noch anhält. Und das macht jeder, selbst Kinder, die noch nie derartige Erfahrungen gemacht haben. Es ist in diesem Sinne ursprünglich vor jeder Erfahrung.

H-P: Damit hast du implizit schon das Prinzip der Leidminderung begriffen und hast ein implizites Wissen über bestimmte Handlungen der Leidminderung, zumindest bei dir selbst, und das ist ein Wissen über Handlungen der Selbstliebe.

K: Wie wird denn aus solchem Vorwissen richtiges bzw. ausreichendes Wissen? Wie entwickelt sich dieses Wissen überhaupt In der Kindheit?

H-P: Das ist eine sehr wichtige Frage, womit ich auch erklären kann, weshalb manche Menschen ein ungenügendes oder gar falsches Wissen haben, was Handlungen der Liebe sind bzw. was man tun sollte und was nicht. Ferner kann ich dir dabei aufzeigen, dass es in der Entwicklung aller Menschen prinzipiell angelegt ist, dass wir unsere Liebesfähigkeit bzw. das, was innerhalb einer Gruppe von Menschen als solche gilt, immer weiterentwickeln. Außerdem gibt es für mich ein Ideal der Liebesfähigkeit, der meiner Meinung nach alle Menschen zustreben sollten, auch wenn dies eine Utopie ist und ich mit Konfuzius nur sagen kann, der Weg ist das Ziel.

K: Das hört sich ja gewaltig an. Ich bin gespannt.

H-P: Wie oben schon erwähnt, haben schon ganz kleine Kinder ein Vorwissen von Selbstliebe, und in der Mutter-Kind-Beziehung wird dies durch die Liebe der Mutter gestärkt, indem diese auch auf Leidminderung achtet und die kindliche Umgebung samt Spielsachen so gestaltet, dass ihr Kind sich möglichst nicht weh tut.

K: Und indem sie ihr Kind versorgt und alles Unwohlsein beseitigt oder zumindest lindert, entdeckt das Kind entsprechende Zusammenhänge und lernt kennen, wie Leid verhindert und gelindert werden kann.

H-P: Genau, und wenn es dann der Mutter einmal wehtut durch Kratzen, Beißen oder Hauen, kann sie ihm klar machen, dass sie beide gleichartig sind und daher ähnlich empfinden, aber auch handeln können, sodass das Kind lernt, wie es Leid verhindern oder lindern kann, indem es vorsichtiger mit der Mutter umgeht oder bei ihr „Ei, ei" macht wie die Mutter, wenn sie ihr Kind tröstet und Schmerzen lindert. Dadurch versteht das Kind immer mehr das Prinzip der Leidminderung, und das führt bei ihm immer mehr zu leidmindernden Handlungen der Liebe insgesamt und nicht nur der Selbstliebe. Das Erkennen einer Gleichartigkeit der Physiologie und die Tatsache, dass man zusammen mit anderen lebt, bringt neben der eigenen Physis bzw. Körperlichkeit das Soziale ins Spiel und damit das Prinzip der Fairness mit dem Motto: „Was du nicht willst, das man dir tu, das füg' auch keinem andern zu."

K: Aha, du spielst hier auf das Entwicklungsmodell des Mentalen von der englischen Forschergruppe um Fonagy an mit den Ebenen des physischen, des sozialen, des teleologischen, des intentionalen und des repräsentationalen Selbst an. Welche Prinzipien und weiteren Handlungen der Liebe entsprechen den restlichen drei Entwicklungsebenen?

H-P: Nun ja, auf der nächsten Ebene entwickelt ein Kind Ketten von Tätigkeit, bei denen das Ergebnis der vorigen Tätigkeit die Voraussetzung für die nächste schafft wie z.B. beim Laufen. Dabei kann es immer wieder durch für das Kind unvorhersehbare

Dinge und Ereignisse zu schmerzhaften Abbrüchen dieser Ketten kommen. Indem die Mutter dem Kind dabei hilft und es vor Gefahren schützt, lernt es, der Mutter mit ihren Erfahrungen zu vertrauen bzw. sich ihrer Autorität anzuvertrauen. Damit erkennt es das Prinzip der Rangordnung an, die in diesem Fall vernünftigerweise aufgrund der größeren Erfahrung der Mutter besteht. Handlungen der Liebe sind hier auf Seiten der Mutter das Helfen und Schützen und auf Seiten des Kindes das vertrauensvolle Sich-Wenden an die Mutter und eine entsprechende Dankbarkeit und Anerkennung ihr gegenüber.

K: Da hast du jetzt aber nur die positive Seite der Medaille betrachtet. Mutter oder Vater können auch für das Kind unvorhersehbar bzw. nicht verstehbar etwas unter Gewaltandrohung verbieten, sodass dem Kind nichts anderes übrigbleibt als der Not zu gehorchen und die kräftemäßige Überlegenheit der Eltern anzuerkennen, wenn es nicht Ärger und Schmerz bekommen will. In diesem Fall ist das Prinzip der Rangordnung nur dann ein Prinzip der Liebe, wenn der für das Kind unverständliche Grund der Gewalt seinem Guten dient. Das sollte dem Kind früher oder später verständlich gemacht werden. Erst dann kann man von Handlungen der Liebe sprechen.

H-P: Richtig, und du hast auch den Finger auf die erste kritische Stelle bei der Entwicklung der Liebesfähigkeit gelegt, wenn nämlich die Eltern, die wichtigsten Vertrauenspersonen eines Kindes, das Vertrauen ihres Kindes missbrauchen, indem sie es misshandeln – ihm mit Gewalt und eigennützig etwas aufoktroyieren – oder vernachlässigen – ihm zu wenig erklären, weswegen ihr gewaltsamer Eingriff nötig war.

K: Was heißt hier „erste kritische Stelle"?

H-P: Die nächste kommt auf der Ebene des intentionalen Selbst, wenn ein Kind erkennt, erfährt oder erlebt, dass es zum Erreichen bestimmter Ziele die Hilfe anderer braucht, und dazu muss es Bündnisse eingehen, bei denen man sich gegenseitig etwas verspricht und dies auch halten sollte. Es geht hier um das Prinzip der Treue bzw. der Loyalität.

K: Da sehe ich jetzt noch nichts Kritisches.

H-P: Kommt noch: Wenn die Eltern z.B. erwarten, dass ihr Kind für sie später einmal Blutrache übt an jemandem.

K: Das ist aber ein krasses Beispiel, was bei uns wohl kaum vorkommt.

H-P: Okay, was aber häufiger vorkommt und uns Psychotherapeuten oft begegnet, sind andere Aufträge der Eltern, dass ihre Kinder etwas erreichen sollen, was die Eltern nicht geschafft haben, oder sie geben ihren Kindern das Gefühl, es wäre illoyal von ihnen, wenn es ihnen besser geht als den Eltern. Ganz allgemein, wenn die Eltern als Gegenleistung für ihre Erziehung erwarten, dass ihre Kinder sie an deren Leben teilhaben lassen und diese nicht ihr eigenes Leben leben dürfen.

K: Das Letzte ist aber nicht so eindeutig. Wenn die Eltern ihren eigenen Eltern diese Gegenleistung erbracht haben, dann ist es doch nur fair, wenn sie dies von ihren Kindern auch erwarten. Wenn außerdem die bisherige Lebensweise in Ordnung war, warum soll man sie nicht beibehalten? So etwas nennt man meines Wissens Tradition. Neben dem Prinzip der Fairness wird dadurch auch das Prinzip der Rangordnung erfüllt.

H-P: Einerseits hast du da recht, aber in Europa kam es durch den 1. Weltkrieg zu einem Traditionsbruch, der in Deutschland durch das sogenannte „Dritte Reich" und den 2. Weltkrieg katastrophal verstärkt wurde, weil hier ganze Generationen versagt haben, ein friedliches Miteinander hinzubekommen. Eine Tradition, die eine gewalttätige egoistische und grausam-grausige Autorität unterstützte bzw. überhaupt erst zustande kommen ließ und derart schreckliche Zustände erzeugte oder zumindest nicht abwehrte und rechtzeitig beendete, musste gebrochen werden, wie dies die 68er Bewegung gemacht hat.

K: Gut, das beantwortet meinen Einwurf aber nur für Deutschland und Europa, vielleicht noch für die USA aufgrund des Vietnamkrieges, aber wie sieht es mit anderen wirklich friedlichen Gemeinschaften aus, soll man da auch von Generation zu Generation immer wieder die Tradition brechen?

H-P: Auf keinen Fall. Man kann und sollte sie jedoch immer wieder kritisch hinterfragen und gegebenenfalls verbessern. Dabei ist das Prinzip der Reinhaltung zwischenmenschlicher Beziehungen wichtig, sodass man die dazugehörigen Handlungen üben und ausüben sollte, um die Beziehung zu jedem Menschen, der einem begegnet, „rein" im Sinne von friedlich zu halten. Dies kann ein Kind erst auf der Entwicklungsebene des repräsentationalen Selbst erkennen, begreifen und lernen.

K: Welche Handlungen oder Handlungen der Liebe sind denn dabei zu üben und auszuüben bzw. was kann denn eine zwischenmenschliche Beziehung „verunreinigen" und wie löst man derartige Probleme?

H-P: Die beiden zentralen zwischenmenschlichen Probleme sind die Unwiderruflichkeit und die Unvorhersehbarkeit aller zwischenmenschlichen Handlungen, d.h. ich kann keine derartige Handlung wieder zurücknehmen und ungeschehen machen, und ich weiß nie, was dabei im Endeffekt herauskommt, weil noch andere mitmischen und ihren Senf dazugeben können, ohne dass ich etwas dagegen tun kann.

K: Das hast du bei Hannah Arendt gelesen in „Vita activa".

H-P: Stimmt, und sie schreibt dort auch, dass man diese Probleme nicht vollkommen lösen kann, man kann sie nur eindämmen, und zwar durch Folgendes: wegen der Unwiderruflichkeit sollten wir uns nach Möglichkeit verzeihen, d.h. möglichst nichts persönlich übelnehmen – allgemein übelnehmen schon, damit sich etwas Schlimmes nicht wiederholt – und die Unvorhersehbarkeit wird dadurch eingedämmt, dass wir Versprechen geben und halten bzw. Verbindlichkeiten eingehen. Diese beiden Handlungen der Liebe habe ich vorhin schon angedeutet mit den Begriffen der versöhnlichen Stimmung und der verbindlichen Einstellung anderen gegenüber.

K: Und wie wird dadurch z.B. das Problem gelöst oder wenigstens eingedämmt, dass dich jemand betrogen hat? Kannst du einen Betrug so einfach verzeihen?

H-P: Nein, ich kann nur dem Betrüger verzeihen bzw. es ihm nicht persönlich übelnehmen. Ich kann aber Wiedergutmachung und eine dahingehende Einsicht verlangen, dass er das nicht wieder macht, weder mit mir noch mit anderen. Das meine ich mit allgemein übelnehmen, denn ein Betrug ist allgemein übel. Wenn er mein Verlangen dann erfüllt, soweit er kann, dann ist unsere Beziehung in der Regel wieder „rein" bzw. befriedet. Wenn nicht, dann gibt es ja in unserer Gesellschaft noch Verbindlichkeiten bzw. Versprechen, die mir dann die Justiz erfüllt, sodass ich eine gewisse Wiedergutmachung bekommen kann und mein Betrüger durch entsprechende Sanktionen abgeschreckt und vielleicht auch zur Vernunft gebracht wird durch Sozialarbeiter und Gefängnispsychologen, dass er mit Betrügereien aufhört.

K: Wie man an dem Beispiel sieht, können Zwischenmenschliche Probleme nicht immer gelöst, aber in ihren negativen Auswirkungen doch einigermaßen eingedämmt werden durch Verzeihen, was die Vergangenheit betrifft, Versprechen, was auf die Zukunft weist, und Wiedergutmachung in der Gegenwart.

H-P: Insgesamt spielen dabei viele Bereiche in einer Gesellschaft eine wichtige Rolle, damit zwischenmenschliche Beziehungen einigermaßen friedlich bzw. „rein" bleiben: da ist zum einen jeder einzelne wichtig, der um diese Handlungen der Liebe weiß und sie übt und ausübt, außerdem kann auch ein sozialer Rahmen, eine gewisse soziale Kontrolle durch Verwandte, Freunde und Bekannte sehr wirksam sein, um dieses Wissen aufrechtzuhalten und diese Handlungen zu verstärken, und zu guter Letzt ist für den Frieden auch die Politik ein sehr wichtiger Faktor: ihre Gesetze sind Versprechen, die durch Strafvollzug und Polizei gehalten werden, und indem Gerichte sich möglichst neutral an entsprechend humane Gesetze halten, wird niemandem etwas persönlich übel genommen, wohl aber die Tat im Allgemeinen.

K: Das hört sich ja schön an.

H-P: Hier gibt es natürlich auch Fallen und Probleme: der einzelne sollte in der Kindheit die entsprechende Erziehung bekommen haben, sein soziales Umfeld sollte ebenfalls die oben aufgeführten fünf Prinzipien der Liebe beachten und so weit wie möglich umsetzen in Handlungen der Liebe, und für die Politik einschließlich der Weltpolitik – Vereinte Nationen usw. – gilt, dass sie einen entsprechenden Rahmen schaffen, der die Entwicklung der Liebesfähigkeit unterstützt. Wenn diese Bedingungen nicht erfüllt sind, kann es übel ausgehen wie unter Hitler, Stalin oder Mao Tse Dung.

K: Alle drei wurden übrigens auch selbst in ihrer Kindheit übelst misshandelt und vernachlässigt.

H-P: Andererseits wird es auch nie Idealzustände geben, man muss immer weiter daran arbeiten und nach Verbesserungen suchen, wie jeder einzelne seine Liebesfähigkeit weiterentwickeln kann, und danach streben, wie die Kindererziehung, das gemeinschaftliche Miteinander und die Politik in dieser Hinsicht immer mehr optimiert werden kann.

K: Das wird mir jetzt aber zu allgemein. Was kann denn der Einzelne machen, um seine Liebesfähigkeit oder die von anderen zu verbessern, außer in die Politik zu gehen? Muss man viel denken und Philosoph werden oder auf seine innere Stimme, sein Gewissen oder seinen Bauch hören oder einfach nur meditieren, auf seine Atmung achten und allen körperlichen Regungen besondere Beachtung schenken?

H-P: Das sind jetzt aber viele Fragen auf einmal.

K: Ist ja auch ein komplexes und komplizierte Gebiet.

H-P: Stimmt. Die letzten drei Fragen scheinen mir darauf anzuspielen, welchem Teil meines Gehirns ich vertrauen soll, meinem Reptiliengehirn, welches mein physisches Überleben steuert über Atmung und andere Körperprozesse, dem emotionalen Bereich, oft Säugetiergehirn genannt, oder der Gehirnrinde, dem Cortex, meinem Denkvermögen, das die Philosophen so gern an erster Stelle sehen würden. „Sei du selbst, und ich werde bei dir sein", „Sis tu tuus et ego ero tuus", wie schon Nikolaus von Kues empfahl.

K: Ja, in „De visione Dei", „Vom Sehen Gottes" in Kapitel 7. Wir sollen nichts von uns den Vorzug geben.

H-P: Wieso bist du denn schon wieder so schlau?

K: Ich habe Hannah Arendt gelesen, „Über das Böse".

H-P: Aha. Dann hast du dort auch gelesen, dass das Denken, insbesondere das von Sokrates, subversiv ist und vor allem in kritischen Situationen helfen kann, Fehler aufgrund von nicht mehr angemessenen Traditionen zu vermeiden, z.B. ein Obrigkeitsdenken aus dem Mittelalter im „Dritten Reich" der Nazis. Ansonsten kann es aber in friedlichen Zeiten alle Initiativen unterminieren und lähmen.

K: Ja, und auch das Gewissen, die sogenannte innere Stimme, kann in vielen Situationen eine Richtschnur für liebevolles Handeln sein, wenn wir Schuldgefühle bekommen, wenn wir jemandem einen Schaden zufügen wollen. Himmler hat ja seinen Leuten von der SS bezüglich der schlimmen Gefühle, die viele bei Exekutionen von Juden hatten, vor allem bei Kindern, erklärt, auch ihm würde es so gehen, aber er würde dem nicht nachgeben, sondern diese Qual heldenhaft ertragen als Opfer, welches man der „gerechten Sache" wegen auf sich nehmen müsse. Hätten sie doch nur auf ihre Gefühle gehört, dann wären viele Leben gerettet worden!

H-P: Unsere innere Stimme kann uns aber auch täuschen, wenn z.B. eine Frau ein schlechtes Gewissen bekommt, ihren Mann zu verlassen, obwohl er sie regelmäßig verprügelt. Das Meditieren hat den großen Vorteil, dass es unsere Gefühle bzw. unser Säugetiergehirn beruhigt und so einen Freiraum schafft, dass wir vernünftig denken können. Außerdem bringt es uns nachhaltig mit unseren eigenen Bedürfnissen in Kontakt, sodass wir uns nicht so sehr für andere verausgaben und im Burnout landen. Andererseits kann es uns derart vereinzeln und isolieren, dass wir den Kontakt zu anderen Menschen verlieren. Dann kann leicht eine Meditationssucht entstehen, die bei den Japanern als das Zen des toten Mannes bezeichnet wird.

K: Das hast du bei Ohashi gelesen in einem Beitrag von Hitsamatsu in dem Buch „Die Philosophie der Kyoto-Schule".

H-P: Du kennst mich eben zu gut, sodass ich mich nicht mit fremden Federn schmücken kann. Aber zurück zu den drei Möglichkeiten, etwas über Handlungen der Liebe zu erfahren: das Denken kann leicht zu einer Selbstüberschätzung führen. Wir erheben uns über alle anderen Lebewesen.

K: Das entspricht ja der ersten Versuchung von Jesus durch den Teufel, als er ihn wegen seines Fastens und Hungerns aufforderte, Steine in Brot zu verwandeln.

H-P: Genau. Und die Antwort von Jesus war, dass der Mensch nicht vom Brot allein lebt, sondern von jedem Wort, was aus dem Munde Gottes kommt. Im Hebräischen meint man, dass man die Stimme Gottes über sein Gewissen hören kann, und das kann jeder Mensch hören, das können einem auch andere sagen, die ein Gewissen haben und darauf hören. Ferner entwickelt sich unser Gewissen genauso wie unser Gehirn niemals allein. Die anderen, die ein Gewissen haben und darauf hören, sind für jeden von uns dann Boten Gottes, die seine Worte bzw. Botschaften verkünden, d.h. sie sind seine Engel.

K: Jetzt verstehe ich die zweite Versuchung viel besser, wenn der Teufel ihn auf die Zinne des Tempels stellt und ihn auffordert, sich hinunterzustürzen in der Hoffnung, dass die Engel ihn schon auffangen werden.

H-P: Ja, man soll sich auch nicht zu sehr auf die anderen verlassen und naiv glauben, dass immer die Engel um einen herum sind. Das bedeutet nämlich, Gott in Versuchung zu führen. Auch das eigene Gewissen und Gefühl ist teils von Gewohnheiten und teils von anderen unvollkommenen Menschen beeinflusst, und daraus spricht nicht immer etwas Gutes zu uns. Ich behaupte einmal, dass Gott uns niemals Schuldgefühle machen würde. Entweder zeigt er uns Fehler ganz klar auf, oder er lässt uns probieren.

K: Gut, dass du das als deine persönliche Meinung darstellst. Aber wie bringst du nun die dritte Versuchung in einen Zusammenhang mit unserem Reptiliengehirn und unseren körperlichen Regungen?

H-P: Dadurch sind wir ja mit den Notwendigkeiten des Überlebens konfrontiert. Jeder Mensch muss z.B. atmen, essen, trinken und schlafen. „Den Teufel anbeten", damit wir immer genug zum Überleben haben, bedeutet, das reine eigene Überleben für das Wichtigste zu halten. Das ist der pure Egoismus. Dagegen „den Herrn, deinen Gott anzubeten", heißt, das eigentliche Leben an die höchste Stelle zu setzen, was immer auch ein Zusammenleben mit anderen bedeutet.

K: Wenn ich das so richtig sehe, sollte sich jeder zwar auf alle drei Bereiche stützen, um immer mehr darüber Gewissheit zu bekommen, was Handlungen der Liebe sind und was nicht, sich aber nicht auf eine der drei Quellen allein verlassen.

H-P: Genau. Und nun kommen wir zu der interessanten Frage, warum Menschen trotz besserem Wissen Böses tun, und zwar selbst dann, wenn sie sich um optimales Wissen wie eben erörtert bemühen. Damit will ich deine erste Frage, was der Einzelne machen kann, um seine Liebesfähigkeit und die der anderen zu stärken und zu verbessern, erst einmal auf später verschieben. Ich hoffe, du verzeihst mir das.

K: Ich nehme es dir zumindest nicht persönlich übel und hoffe, dass du dein Versprechen hältst. Es geht also erst einmal um Böses oder Unrecht tun. Damit bin ich einverstanden, mit dem Thema, nicht mit dem Tun.

H-P: Dafür bin ich dir dankbar und schätze dein Entgegenkommen.

K: Wie war das nochmal mit dem Das-letzte-Wort-behalten?

3. Böses oder Unrecht tun

H-P: Zunächst möchte ich auf den Unterschied zwischen Bösem und Unrecht hinweisen: es mag mein gutes Recht und damit kein Unrecht sein, von meinem Nachbarn zu verlangen und auch durchzusetzen, dass er einen Zaun an meiner Grundstücksgrenze abreißt, wenn er etwas zu hoch ist. Wenn mich das aber nicht wirklich stört und beeinträchtigt und ich ihn nur ärgern oder mich an ihm für etwas rächen will, dann ist das boshaft oder böse. Wenn umgekehrt ein Verwaltungsbeamter einmal ein Auge zudrückt, weil die Einhaltung einer Vorschrift eine unnötige Härte für jemanden bedeuten würde, dann tut er Unrecht, tut aber nichts Böses.

K: Nun ja, das liegt aber daran, dass Gesetze, Regeln und Verordnungen niemals alle Ausnahmen berücksichtigen können und es so immer sogenannte Gesetzeslücken gibt. Einigen wir uns also darauf, dass wir beim Recht, also Gesetzen, Verordnungen und Regeln Vollkommenheit annehmen und Unrecht und Böses daher dasselbe sind. Davon ging wohl auch Sokrates aus, als er meinte, er erleide lieber Unrecht, als dass er Unrecht tue.

H-P: Damit sind wir schon mitten in einem heißen Thema. Weißt du, wie Sokrates seine Ansicht begründet hat?

K: Ja, weil er, sobald er für sich ist, mit sich selbst konfrontiert ist und sich in einem entsprechenden Selbstgespräch, also beim Denken, heftig kritisieren würde, wenn er Unrecht getan hätte. Einerseits würde ihm diese Kritik sehr zusetzen, und andererseits würde er es nicht aushalten, dann mit einem Übeltäter, der er selbst wäre, zusammenleben zu müssen.

H-P: Zwischen ihm und ihm selbst ergäbe sich im Dialog eine missliche Spannung, die nicht gelöst werden könnte und für den Rest seines Lebens bestehen würde, und davor schreckte Sokrates zurück. Seine Ethik kann man als Gesinnungsethik bezeichnen. Sie hat nur mit der eigenen Gesinnung zu tun.

K: Es gibt aber auch Menschen, die sich selbst etwas vormachen, und trotz ihrer Untaten glücklich und zufrieden weiterleben.

H-P: Daher hielt Kant diese Art der Lüge für die schlimmste und unmoralischste Tat, weil sie jegliche Einsicht verhindert und immer weiter „fortzeugend Böses will gebären", wie Schiller meinte.

K: Ja, genau, sich selbst zu belügen, ist „der Fluch der bösen Tat". Diese Ethik ist eine Verantwortungsethik, da sie ehrliche Antworten auf die Frage verlangt, was man mit welcher Absicht getan hat.

H-P: Für Sokrates ist die Situation nach der Tat so kritisch, dass er sich davor fürchtet.

K: Er ist aber auch sehr unversöhnlich mit sich selbst und nimmt sich Fehler persönlich übel. Ging er auch mit anderen so streng um? Und wenn nicht, dann kannte er nicht das „Liebe deinen Nächsten wie dich selbst". Nun ja, sich selbst gegenüber der schärfste Richter zu sein, wer kennt das nicht?!

H-P: Ganz anders dagegen ist es vor der Tat, wenn zwei oder mehr Tendenzen sich streiten und miteinander kämpfen: „Was soll ich tun? Ich will ins Kino gehen, zur gleichen Zeit läuft ein interessantes Theaterstück und mein Freund hat Geburtstag und feiert groß, was ich auch nicht versäumen will."

K: Jetzt kommt auch noch das Problem des Willens ins Spiel und, wie frei ich in meinen Entscheidungen bin.

H-P: Weder die Vernunft noch bloßes Begehren bringen uns zum Handeln, sondern allein der Wille. Er ist eine Art Schiedsrichter zwischen beidem und muss daher frei sein, oder es gibt ihn nicht.

K: Das hast du bei Hannah Arendt gelesen in ihrem Buch „Über das Böse" (S. 124).

H-P: Beim Willen gibt es zwei Funktionen, die er erfüllen muss: zum einen muss er urteilen und somit eine von Vernunft und Begehren unabhängige Entscheidung treffen können, was getan werden sollte, und das ist eigentlich nicht das Vermögen des Wollens, sondern des Urteilens, und die anstiftende Funktion, die zur Handlung drängt, das eigentliche Wollen. Urteilen und Wollen sind zwei der drei Funktionen des Willens. Die dritte ist das Denken, das sich um das rechte Wissen bemüht, damit wir weder bedenkenlos urteilen noch bedenkenlos handeln. Dass wir im Denken frei sind, ist wohl einigermaßen unbestritten, im Urteilen müssen wir uns diese Freiheit erarbeiten, indem wir uns von Vernunft und Begehren so unabhängig wie möglich machen, wie ich später noch erklären werde, wobei eine vollkommene Unabhängigkeit bzw. Freiheit eine Utopie ist; und die Freiheit im Handeln bzw. die Freiheit der anstiftenden Funktion des Wollens besteht nur dann, wenn wir fähig sind, einen echten Neuanfang zu initiieren, also etwas vollkommen Neues zu beginnen. Letzteres ist das, was Hannah Arendt unsere Natalität nennt.

K: Die Freiheit des Willens setzt sich also aus drei Freiheiten zusammen, der des Denkens, des Urteilens und der, etwas Neues zu beginnen. Da gibt es bestimmt viele unterschiedliche Ansichten.

H-P: Was die Freiheit des Willens betrifft, so gibt es z.B. große Unterschiede zwischen der Meinung eines Beobachters und der eines Handelnden: in der Vergangenheit, meint der Handelnde, sei er mehr oder weniger durch irgendwen oder irgendetwas gezwungen gewesen zu einer bestimmten Handlungsweise, während ein Beobachter dem Handelnden in der Vergangenheit eher einen freien Willen attestiert – Nietzsche meint dazu, der freie Wille sei dazu da, dass man andere bestrafen kann. Sokrates spricht zwar nicht von Freiheit oder gar vom freien Willen, aber er würde sich selbst bestrafen, wenn er Unrecht täte.

K: Es gibt ja beim Willen die Aufteilung in einen Befehlenden und, falls es zur Ausführung kommt, in einen Gehorchenden. Beide denken, urteilen und wollen etwas beginnen oder auch nicht. Aber wenn es anstelle eines Gehorchenden, der etwas machen soll, einen Verweigerer gibt, der nichts beginnen will, dann gibt es keinen Neuanfang, keine Initiative.

H-P: Ja, und was bei dieser Rollenaufteilung die Vergangenheit betrifft, identifiziert sich der Handelnde mit dem Gehorchenden, während der Beobachter ihn mit dem Befehlenden gleichsetzt.

K: Und was ist mit der Zukunft?

H-P: Was die Zukunft betrifft, so fühlt der Handelnde sich meistens frei in seinen Entscheidungen, als ob er ein souveräner

Befehlshaber sei, ganz im Gegenteil zum Beobachter, der ihn eher beeinflusst sieht durch alle möglichen Dinge, und zwar so, als ob er ein Gehorchender oder Verweigerer wäre. Der Handelnde sieht sich in der Regel in einem sehr vorteilhaften Licht, unschuldig, wenn etwas schief gegangen ist und souverän über allem stehend, wenn er etwas verwirklichen will. Dem gegenüber ist der Beobachter eher kritisch, verurteilt ihn für Vergangenes und hält ihn für selbstüberschätzend, was seine Planungen für die Zukunft betrifft.

 K: (singt) „Ja, mach nur einen Plan!

Sei nur ein großes Licht!

Und mach dann noch 'nen zweiten Plan

Geh'n tun sie beide nicht.

Denn für dieses Leben

Ist der Mensch nicht gut genug.

Und sein höh'res Streben

Ist nur Selbstbetrug."

 H-P: Stimmt. Das ist die Ballade von der Unzulänglichkeit des menschlichen Planens aus der Dreigroschenoper von Brecht. Allerdings hast du dabei zwei Strophen vermischt. War wohl freiwillig.

 K: Aber muss der Wille nicht prinzipiell frei sein? Das Vermögen der Vernunft ist nicht frei, weil sie den Gesetzen der Logik folgen muss, und bloßes Begehren folgt den jeweiligen Bedürfnissen, die wir haben. Nur in diesem Spannungsfeld, wenn ich zwischen Vernunft und Begehren denkend abwäge und urteile, entsteht der Wille zum Handeln, und der muss somit prinzipiell frei sein. Wenn ich etwas will, gebe ich mir doch einen Befehl, dem ich folgen oder den ich verweigern kann. Das ist doch ebenfalls Freiheit.

 H-P: Das kannst du aber prinzipiell unendlich fortsetzen. Wenn du dich für die eine oder andere Seite entscheidest, gibst du dir einen erneuten Befehl, den Befehl zu verweigern oder ihm doch noch zu gehorchen. Jedes „Ich will" fordert die Möglichkeit eines „Nein, ich will nicht", und damit ist der Wille nur beschränkt frei, weil wir in unserer Existenz zeitlich beschränkt sind bzw. für jede

Handlung nur ein bestimmtes Zeitfenster haben und nicht unendlich lange hin und her entscheiden können. Nur wenn ab einem
Punkt innerhalb des erwähnten Zeitfensters nur noch „Ja, ich will"
oder „Nein, ich will nicht" kommt, können wir aufhören und han-
delnd unseren Willen ausführen. Ein solcher Wille ist dann frei, ...

K: ... wenn es ihn gibt, wenn ich tatsächlich annehmen und
realisieren kann, dass ab einem entsprechenden Punkt nur noch
eine Antwort kommt, Ja oder Nein. In der Mathematik würde man
sagen, dass die unendliche Folge von Entscheidungen konvergiert,
und zwar „rechtzeitig". Aber wenn ich solche Sätze sagen kann wie,
„Ich will ins Kino gehen.", dann muss es doch den Willen geben.

H-P: Nicht unbedingt. Rein logisch könntest du dir das auch
nur einreden. Jemand hat dir z.B. in Hypnose suggeriert, dass du ins
Kino gehen willst.

K: Dann hat er meinen Willen beeinflusst. Mein Wille kann
stärker oder schwächer sein, je schwächer oder stärker das „Ich will
nicht" ist. Es gibt Versuche, dass eine hypnotisierte Person sofort
aus der Hypnose herausgeht, wenn man ihr etwas suggeriert, was
sie ganz und gar nicht will. Der Wille eines jeden Menschen scheint
also in gewissen Grenzen beeinflussbar zu sein, was ja auch dazu
passt, dass es immer auch ein „Ich will nicht" oder „Ich will etwas
anderes" gibt.

H-P: Okay, letztlich ist diese Debatte über den Willen, ob es
ihn wirklich so gibt, wie wir annehmen, nicht entscheidbar. Vor einer Handlung kann es aber einen richtiggehenden Streit und Kampf
darum zu geben, was getan werden soll. Mich erinnert das an die
Kämpfe und Auseinandersetzungen, die es zwischen einem „Top-
Dog" und einem „Under-Dog" geben kann. Der Top-Dog ist das be-
fehlende „Ich will", und der Under-Dog stimmt zu und führt aus,
oder er verweigert sich und nichts geschieht.

K: Es kann aber auch mehrere Top-Dogs geben, die dann
miteinander streiten wie in deinem Beispiel, „Ich will ins Kino", „Ich
will ins Theater" und „Ich will zur Geburtstagsfeier", wenn alles
gleichzeitig stattfindet.

H-P: Gut, dann kämpfen die gegeneinander, bis es einen
Sieger gibt, und der befiehlt dann dem Under-Dog, der dann den

Willen des Top-Dog umsetzen soll. Wenn er gehorcht, ist alles okay, wenn er aber nicht will, gibt es mehrere Varianten, die vor allem psychologisch interessant sind: er kann offen sagen, „Ich will nicht" oder „Ich kann nicht". Letzteres kann sowohl ehrlich gemeint als auch nur vorgespielt sein. Unter Umständen tut er nur so, als gehorche er, torpediert alles und behauptet, er habe alles getan, es habe aber nichts geklappt. Anschließend geht er um die Ecke und lacht sich ins Fäustchen.

K: Ganz schön gemein.

H-P: Naja, das sind Widerstände gegen Unterdrückung. Der Top-Dog spielt sich dann meistens auch auf wie ein Tyrann und berücksichtigt nicht, dass er auf den Under-Dog angewiesen ist, während der Under-Dog sich zu ohnmächtig fühlt, um direkt etwas gegen den Befehl des Top-Dog zu sagen.

K: Wenn beide mehr miteinander offen kommunizieren und kooperieren, wenn der Top-Dog mehr erklärt, warum die Ausführung eines bestimmten Befehls theoretisch wichtig und sinnvoll ist, und der Under-Dog realistisch praktische Einschätzungen gibt, was machbar ist und unter welchem Aufwand, dann kann immer mehr das geschehen, was beide wollen, und ein freier Wille ist zumindest möglich und sinnvoll denkbar.

H-P: Stimmt. Wenn der Under-Dog sich vom Top-Dog zwingen lässt, dann ist der betreffende Mensch nicht mehr frei.

K: Genau, und wenn der Under-Dog den Top-Dog auflaufen lässt, besteht auch keine Freiheit. Das Beste wäre, wenn der Top-Dog nicht mehr Herr und der Under-Dog nicht mehr Sklave ist. Beide sind dann gleichwertige Partner, die vernünftig miteinander kooperieren. Es gibt ja den Spruch: „Der Geist ist willig, und das Fleisch ist schwach.", als ob unser Geist will und der Top-Dog ist – das würde wahrscheinlich Hegel meinen – während das Fleisch der schwache Under-Dog ist. Dagegen hat sich Marx gewehrt und Hegel auf den Kopf gestellt, indem er dem Under-Dog, den er im Arbeiter gesehen hat, zurief: „Alle Räder stehen still, wenn dein starker Arm es will." Der Under-Dog hat nämlich genauso seinen Willen wie der Top-Dog, er äußert ihn nur nicht, wenn er sich unterlegen fühlt. Marx spricht ihm Mut zu, er soll sich seiner Macht als ausführendes

Organ bewusst werden. Aufgrund seines Willens ist der Under-Dog auch geistig und der Top-Dog mit seinem Begehren, z.B. nach Macht, auch Fleisch.

H-P: Wenn Top-Dog und Under-Dog dagegen Partner sind, folgen sie dem gleichen Imperativ, wenn sie sich darin einig werden, was getan werden soll.

K: Kant meinte ja, je mehr Menschen nach dem kategorischen Imperativ handelten, desto mehr sei Freiheit möglich. Sie, die Freiheit, war für ihn weder beweisbar noch widerlegbar.

H-P: Wenn Menschen sich nicht selbst widersprechen würden bzw. frei von inneren Konflikten wären, was natürlich eine Utopie ist, dann wäre Freiheit möglich.

K: Etwas zu wollen, kann ja auch mit Vorfreude bzw. Lust verbunden sein, wie Nietzsche das in die Diskussion um den Willen eingeworfen hat, und das auch unabhängig von der Vorfreude, ein bestimmtes Ziel zu erreichen.

H-P: Das lässt sich meines Erachtens mithilfe eines Ökonomie-Konzepts erklären: Wenn wir beim Wollen, nachdem unser Überleben gesichert ist – das ist wichtig, denn bei Lebensgefahr gibt es weder Freude noch Lust –, den Gewinn durch eine Handlung vergrößern, indem wir z.B. nicht nur ein sondern mehrere Ziele erreichen können, oder die Kosten bzw. den Aufwand zur Durchführung verkleinern können, dann freuen wir uns darüber bzw. empfinden Lust. Wenn es uns gelingt, bei einem Willensakt den Aufwand so weit wie möglich zu reduzieren und den Gewinn zu maximieren, dann haben wir uns vom Schmerz und der Mühe entsprechend befreit und Hoffnung gewonnen, und das bereitet Freude und Lust. Nicht das statische Verhältnis von mehr Gewinn als Kosten, sondern das Senken der Kosten und die Erhöhung des Gewinns bereiten Freude. Wenn jemand z.B. die Ausführung einer Handlung an andere immer mehr delegieren kann, wenn er selbst immer weniger Under-Dog sein muss, sondern einem oder einer anderen oder mehreren anderen möglichst viel Last aufdrücken kann und dies selbst wiederum nicht zu viel Aufwand bedeutet, dann entsteht Lust an der entsprechenden Macht. Wenn z.B. Otto Waalkes sein Publikum auffordert, ihm etwas zuzurufen oder bei einem Spiel mitzumachen und dann hinterher meint, was für ein tolles Gefühl es sei, die Massen in der Hand zu haben, so ist damit genau jene Lust gemeint. Dasselbe geschieht auch bei Erfindungen, wenn man die Natur entsprechend nutzen kann, indem man ihr Energie abgewinnt. Und wenn man diese Lust immer wieder empfinden will, dann haben wir Nietzsches Willen zur Macht.

K: Wenn jemand also besonders fromm oder demütig sein will, dann missioniert er andere, indem er sie geschickt manipuliert, und empfindet dabei Lust, wobei er sich noch dazu einredet, sich für eine gute Sache einzusetzen. Dann braucht er selbst gar nicht fromm oder demütig zu sein, er bildet es sich ein, weil er ja gute Absichten hat, und lässt andere diese erfüllen. Dazu fällt mir nur ein, dass der Weg zur Hölle mit guten Vorsätzen gepflastert ist.

H-P: Oder, das ist, wenn man Wasser predigt, aber Wein trinkt. Es gibt aber eine Lösung dieses Missverhältnisses, dass des einen Freud des anderen Leid ist oder die Schädigung der Natur, und die besteht darin, dass wir jeweils eine Win-Win-Situation herstellen. In Bezug auf die Natur ist dies die sogenannte Nachhaltigkeit, dass wir nicht nur Bäume fällen, sondern auch genügend junge Bäume pflanzen und hegen, und mit anderen Menschen sollten Gewinne und Kosten gerecht verteilt werden. Bei Otto konnten die Leute lachen und hatten so einen Unterhaltungsgewinn, als er ihnen seine Lust eingestand.

K: Die Win-Win-Situation lässt sich aber nicht immer so einfach erreichen wie mit den Bäumen oder bei Otto.

H-P: Stimmt, das kann nur gelingen, wenn wir Menschen uns immer mehr gegenseitig lieben, wenn unsere Liebesfähigkeit immer stärker wird. Otto liebt sein Publikum, und sein Publikum liebt ihn. Wenn wir die vollkommene Liebe erreicht hätten – ebenfalls eine Utopie – dann würden Top-Dog und Under-Dog, egal ob in einer oder auf mehrere Personen verteilt, sich sogar lieben, und wir wären sowohl frei von belastenden Konflikten als auch insgesamt frei. Liebe macht frei.

K: Das hast du schon einmal in einem deiner Bücher geschrieben, ich glaube zuletzt in „Psychologisch-Philosophische Untersuchungen".

H-P: Stimmt. Dann gäbe es auch kein Problem, dass man Böses oder Unrecht tut. Alles Handeln wäre ein Tun im Nichtstun, wie es im Taoismus als Ideal dargestellt wird, ein Handeln ohne Zwang, sondern aus Liebe.

K: Würde man dann Gutes tun, und wie geht das?

H-P: Das soll jetzt unser nächstes Thema sein. Aber zuerst möchte ich noch auf einen Unterschied zwischen dem griechischen und dem christlichen Denken bzw. den jeweiligen ethischen Vorstellungen hinweisen, was man tun soll. Sokrates ging es darum, nichts Böses zu tun, und auch in der Nikomachischen Ethik von Aristoteles war es das Ziel, nichts Schlechtes zu tun und dazu die verschiedenen Tugenden zu entwickeln, um dadurch glücklich zu werden. Die christliche Ethik dagegen radikalisierte die ursprünglich hebräische dahingehend, dass man die 10 Gebote und andere Vorschriften des Alltags dadurch viel ursprünglicher befolgen und tatsächlich erfüllen sollte, dass man aus Liebe zu Gott bzw. zur Güte Gutes tat, also möglichst oft aus Liebe handelte. Diese Hingabe an Gott bzw. an das Gute finden wir auch im Islam, denn der Name Islam bedeutet ja Hingabe an Gott.

K: Dann ist ja die Scharia des Islam ein Rückschritt in die hebräische Ethik der Pharisäer zur Zeit von Jesus, die dieser so oft kritisiert hat.

H-P: Genau, und dieses ängstliche und teilweise zwanghafte Festhalten an Gesetzen und Vorschriften, das sich im Christentum genauso wieder eingeschlichen hat, hat zu Spaltungen und Sektenbildungen geführt. Wenn ich bei allem Tun stets darauf achte, ob ich Gesetze und Vorschriften erfülle, beobachte ich mich selbst beim Handeln und bin gespalten in Beobachter und Handelnder. Wenn ich dann alles gut befolgt habe, bilde ich mir etwas darauf ein, und damit ist mein Handeln nicht mehr gut. Die Spaltung im Einzelnen führt zu Spaltungen in der Gemeinschaft und damit zur Sektenbildung. Das soll einem Hadith zufolge schon der Prophet Mohammed vorausgesehen haben, als er meinte, dass sich die drei abrahamischen Religionen in jeweils 71, 72 und 73 Sekten aufteilen würden. Er kritisierte auch seine Anhänger, dass sie keine Muslime seien, denn Moslem bezeichnet jemanden, der sich Allah hingibt und nicht einer Vorschrift oder einem Gesetz.

4. Gutes tun, wie geht das?

H-P: Wenn wir unsere Hingabe an die Liebe bzw. unsere Liebesfähigkeit so weit entwickelt hätten, dass wir vollkommen lieben würden, dann würden wir automatisch Gutes tun, ohne darüber nachdenken zu müssen, da wir ja stets aus Liebe handelten. Das ist natürlich eine Utopie.

K: Heißt das, dass wir gar nichts Gutes tun können?

H-P: Zumindest nicht absichtlich. Denn die Absicht spaltet mich in Top-Dog und Under-Dog, wobei der Top-Dog, weil er ja Gutes will, dem Under-Dog überlegen ist, zumindest moralisch. Und dieser Druck torpediert das Gute: wenn der Under-Dog nicht mitmacht, geschieht das Gute nicht, ich tue es nicht, wenn er es aber mehr oder weniger gezwungen macht, sammelt der Under-Dog Wut an auf den Top-Dog, der sich im Schein der guten Tat sonnt und womöglich noch in der Bewunderung durch andere.

K: Das ist ja Aufreizung zum Klassenhass.

H-P: Genau, es vergiftet letztlich das Verhältnis zu mir selbst und in der Überheblichkeit des Top-Dog auch zu anderen.

K: Wenn ich denke, um weise zu werden, muss ich mit mir selbst reden und bin so Zwei-in-Einem, wenn ich aber Gutes tun will, muss ich ganz eins mit mir sein und darf mir der Absicht meines Tuns, des Tuns von etwas Gutem, nicht bewusst sein. Ich unterhalte mich nicht mit mir selbst wie beim Denken, sondern bin nur noch „Ich" und nicht mehr „Ich selbst", und nur in dieser Selbstlosigkeit, In dieser Hingabe an das Gute, kann ich wirklich Gutes tun, was aber nicht heißt, dass Bosheit und Selbstbezogenheit dasselbe sind.

H-P: Genau. Deshalb ist ein Pharisäer oder Strenggläubiger nicht boshaft, er tut nur nichts Gutes. Dazu heißt es in der Bibel, dass man Almosen heimlich geben soll, sodass es niemand sieht, und dass die linke Hand nicht wissen soll, was die rechte tut, damit die betreffende Person sich selbst nichts auf ihre Handlungen einbildet bzw. sich ein Bild von sich macht, dass sie gut ist. Deswegen hat Jesus sich auch heftig dagegen gewehrt, als ihn jemand gut nannte. Hannah Arendt schreibt dazu, „genau wie Sokrates sehr wohl wusste, dass seine Liebe zur Weisheit darauf gründete, dass kein Mensch weise *sein* kann, so finden wir bei Jesus die Überzeugung, dass seine Liebe zur Güte darauf beruhte, dass kein Mensch gut *sein* kann."

K: Das steht auch in ihrem Buch „Über das Böse" auf Seite 108. Ich kann also schon Gutes tun, obwohl ich es nie schaffen werde, gut zu sein. Und das geht nur dadurch, dass ich immer mehr Liebe zur Güte entwickle bzw. mich der Liebe hingebe. Wie ist das nun mit Gesetzen und moralischen Vorschriften, sind sie vollkommen unnötig? Und welche Rolle spielt hier der Wille, kann ich mich willentlich oder gewollt der Liebe hingeben, kann und will ich das?

H-P: Oh je, das wird ja immer komplizierter.

K: Das mit der Hingabe an die Liebe hast du aufgebracht, und dass das alle Gesetze und Vorschriften überflüssig macht.

H-P: Naja, ganz unnötig sind Gesetze und Vorschriften nicht. Zum einen können sie einen groben Rahmen und damit eine Orientierung geben. Zum andern gilt, damit sich ein guter Wille ausbilden kann, damit ich zwischen Vernunft und Begehren unabhängig von beidem vermitteln bzw. ein Urteil fällen kann, damit Top-Dog und Under-Dog sich bei mir auf einen gemeinsamen Willen einigen können, der dann zum Handeln anstiftet, damit also diese Voraussetzungen alle erfüllt sind, muss ich lernen, mit meinem Begehren umzugehen und nicht dessen Sklave zu sein, was natürlich voraussetzt, dass mein Überleben gesichert ist und keine akute Lebensgefahr besteht. So wie die sogenannten ethischen Tugenden der Nikomachischen Ethik von Aristoteles derartige Fähigkeiten trainieren, kann ich anhand von Gesetzen und Vorschriften üben, von meinen über das reine Überleben hinausgehenden Bedürfnissen immer unabhängiger zu werden. Ich darf an dieser Stelle nur nicht stehen bleiben, denn um einen guten Willen zu entwickeln, der auch ein verantwortungsvoller und unabhängiger Schiedsrichter zwischen Vernunft und Begehren sein soll, muss ich genauso lernen, die Vernunft zu beherrschen, sonst bin ich von ihr bzw. von starren Regeln und Gesetzen abhängig. Es ist wie bei einem Kind: zuerst ist es von seinen Eltern abhängig und lernt, sich von seinem eigenen Begehren immer unabhängiger zu machen, indem es den

Eltern folgt, die erfahrener sind, bis es sich dann während der Pubertät immer unabhängiger von ihnen macht, eigene Erfahrungen sammelt, sich ein eigenes Urteil bildet und immer selbständiger handelt.

K: Wahrscheinlich habe ich das genauso gemacht. Bei mir muss die Pubertät aber schon mit fünf oder sechs Jahren losgegangen sein, denn da habe ich mich schon von den Erwachsenen unabhängig gemacht und am Ende eines Spaziergangs meine beiden Großmütter mit „ihr zwei Arschlochen" betitelt.

H-P: Naja, da warst du noch voll mit deinem Begehren verstrickt, noch weiter draußen sein zu wollen, und hast keine Rücksicht auf deine beiden erschöpften Großmütter genommen. Da warst du nur unabhängig von der Vernunft und abhängig von deinem Begehren. Du konntest deine Entscheidung nicht vernünftig begründen. Deine Großmütter konnten das.

K: Mist! Dann war ich doch ein Spätentwickler.

H-P: Um dann auch die Vernunft zu beherrschen, nachdem man mithilfe der ethischen Tugenden sich von seinem Begehren etwas distanziert hatte, schlägt Aristoteles in der Nikomachischen Ethik die Entwicklung der fünf sogenannten dianoetischen oder auch Verstandestugenden vor.

K: Welche sind das?

H-P: Verstand oder was kommt von welcher meiner Aktivitäten, Wissenschaft oder welche Anforderungen muss ich bei bestimmten Aktivitäten berücksichtigen, Kunstfertigkeit oder wie geschickt kann ich verschiedene Aktivitäten miteinander verknüpfen, Klugheit oder wie kann ich bestimmte Ziele erfolgreich erreichen, Weisheit oder wie kann ich umsichtig und verantwortungsvoll mit anderen immer wertschätzender zusammenleben, verbindlicher handeln und mich versöhnlich zeigen. Mit diesem Entwicklungsprogramm fängt das menschliche Leben an, und für alle fünf Verstandestugenden wird innerhalb der ersten vier oder fünf Lebensjahre wenigstens ein Grundstein gelegt. Das habe ich in „Liebe, Macht und Sexualität" bereits dargelegt.

K: Das hört sich ja nach einem Mammutprogramm an.

H-P: Das dauert auch das ganze Leben an, und vollkommen durch bist du mit diesem Programm nie. Vielleicht habe ich bei der Weisheit etwas zu viel in Aristoteles hineininterpretiert. Weisheit umfasst dann nämlich zusammen mit der Wertschätzung, die Aristoteles nicht ausdrücklich erwähnt, den Willen, anderen nichts persönlich übelzunehmen und Verbindlichkeiten einzugehen, sodass die beiden Grundprobleme menschlichen Zusammenlebens, die Unabwägbarkeit des Handlungsverlaufs und Ergebnisses jeder Initiative und die Unwiderruflichkeit aller Interaktionen, immer lösbarer werden. Dieser Wille ist der gute Wille bzw. der Wille, die eigene Liebesfähigkeit und die der anderen immer mehr zu fördern, und damit der Wille, sich der Liebe hinzugeben und immer selbstloser, sprich liebevoller zu handeln. – Ich hoffe, ich habe jetzt sämtliche Klarheiten bei dir beseitigt.

K: Uff, das war ganz schön viel. Jetzt weiß ich immerhin schon etwas mehr. Aber sag mal, ist diese allgemeine Wertschätzung, die Aristoteles nur auf den Freund bezieht, nicht das eigentlich Christliche, um das seine Ethik erweitert werden muss, um ganz christlich zu sein?

H-P: Stimmt, denn allein dadurch, dass Jesus zu all seinen Zeitgenossen sagte, dass sie schon rein sind und sich nicht jeden Tag einer Taufe unterziehen müssen, wie Johannes der Täufer es gefordert hatte, brachte er ihnen ganz viel Wertschätzung entgegen. Außerdem hat er sie dadurch motiviert, immer mehr ihren eigenen Wert zu erkennen und sich selbst immer mehr zu lieben. Er hat nicht Wasser gepredigt und Wein getrunken, sondern er hat Wein gepredigt und Wein getrunken.

K: Zum Schluss am Kreuz sogar Essig.

H-P: Übrigens hatte Jesus eine ähnliche Haltung gegenüber Gesetzen und Vorschriften, dass sie nicht einfach aufgelöst werden sollten. Im 10. Kapitel des Markusevangeliums ist von einem reichen Mann die Rede, der Jesus fragt, wie er das ewige Leben erreichen kann. Zuerst soll er die Gebote erfüllen, und Jesus umarmt ihn, als der Mann ihm versichert, dass er dies tue. Dann aber soll er da nicht stehen bleiben, sondern selbstlos werden, indem er seine

Habe verkauft, das Geld unter den Armen verteilt und Jesus nachfolgt, d.h. sich der Liebe hingibt bzw. die Güte liebt. An anderer Stelle, bei Matthäus 10, 17 sagt Jesus auch: „Denkt nicht, dass ich gekommen sei, das Gesetz oder die Propheten aufzulösen; ich bin nicht gekommen aufzulösen, sondern zu erfüllen."

K: Nachdem wir inzwischen so viel über Gutes tun gesprochen haben, interessiert mich jetzt doch noch einmal das Böse, welches ja nicht gleichzusetzen ist mit Selbstbezogenheit. Dann wäre ja schon Denken boshaft.

42

5. Das radikal Böse

H-P: Die Definition des Bösen von Sokrates ist sehr subjektiv: alles, worüber er in Streit mit sich selbst verfallen würde, ist böse oder unrecht. Das hängt von jedem selbst, von seiner Erziehung, seiner Kultur, seinen Freunden und Bekannten, Einstellungen seiner Eltern usw. ab. Es handelt sich oft um kleine Fehler, Unarten, kurz Handlungen, die man dem Täter verzeihen kann, wenn er ehrlich darum bittet, oder die man bestrafen kann als Sühne für begangenes Unrecht und zur Besserung des Täters. Die Sühne hilft ihm, mit sich selbst wieder Frieden zu finden. Der gerechte Ausgleich dafür, dass er einer Frau mit einem Stock auf den Schädel geschlagen hatte, sodass diese lange Zeit im Krankenhaus quasi eingesperrt war, bestand für einen meiner Patienten darin, dass er selbst auch eingesperrt wurde, allerdings im Gefängnis und nicht im Krankenhaus. Andererseits wurde er dort auch von einer Krankheit befreit, indem er in einer Anti-Aggressionsgruppe lernte, über sich und seine Gefühle zu reden, statt sie aggressiv auszuleben. Das alles half ihm sehr bei der Verarbeitung seiner Schuld.

K: Es gibt aber auch Unterschiede: was für den einen böse und nicht erlaubt ist, ist für den anderen schon erlaubt und nicht böse.

H-P: Ein Beamter darf z.B. nicht streiken wie andere Nicht-Beamte, weil er das unter Eid versprochen hat, dafür hat er gewisse Rechte, z.B. Zugang zu bestimmten Akten, die andere nicht haben. Auch das Strafmaß kann je nach Stellung und persönlicher Situation unterschiedlich sein.

K: Nach Kant ist das Schlimmste, was jemand tun kann, sich selbst zu belügen, etwas nicht getan zu haben oder nicht dafür verantwortlich zu sein. Sich oder anderen keine ehrliche Antwort über eine Tat zu geben, ist nach Kant die unmoralischste Tat und insofern etwas vom radikal Bösen.

H-P: Das ist immer noch sehr subjektiv, aber schon unabhängig von familiären, gesellschaftlichen oder kulturellen Faktoren und Einstellungen. Während man den sokratischen Übeltätern verzeihen bzw. es nicht persönlich übelnehmen oder sie als Personen bestrafen kann, kann man dies bei verantwortungslosen Menschen, wie Kant sie beschreibt, nicht tun, weil die Betreffenden keine Übeltäter, sondern Untäter sind, sie verleugnen sich als Person, und man kann keine Tat verzeihen oder bestrafen, sondern nur einer Person. Diese ist aber im Falle des Untäters nicht greifbar. Man kann Untäter nur in Sicherheitsverwahrung geben, und nur dann, wenn sie Verantwortung übernehmen und damit zu Übeltätern werden, kann man mit ihnen entsprechend verfahren.

K: Welche Definition des radikal Bösen gibt es denn noch neben der von Kant?

H-P: Eine, die sich an der Tat selbst orientiert, und den Täter nicht berücksichtigt, wenn man also sagt, dass die betreffende Tat nie hätte passieren dürfen, wie Hannah Arendt dies über die Gräueltaten der Nazis gesagt hat. Es handelt sich hierbei also um eine Ergebnisethik, da sie sich nur am Ergebnis der Tat orientiert. Auch diesen Tätern kann man weder verzeihen noch sie bestrafen, aber man könnte sie nie aus einer Sicherheitsverwahrung herausnehmen, da sie niemals Übeltäter werden können, d.h. ihre Tat oder Taten sind so schlimm, dass sie die Verantwortung niemals dafür übernehmen könnten, selbst wenn sie es wollten.

K: Das hört sich jetzt wirklich radikal böse an. Was sind das nur für Menschen, die so etwas tun?

H-P: Über einen solchen Täter, der weder Übel- noch Untäter ist, sagte Jesus nach Matthäus 18, 6, es wäre besser für ihn, „dass ein Mühlstein an seinen Hals gehängt und er ersäuft würde im Meer." Es geht dabei nur um den Vollzug der Tat und deren Folgen, was nämlich niemals hätte geschehen dürfen. Für solche Täter könnte die Todesstrafe eine Erlösung sein, wenn sie sich ihrer Gräueltat bewusstwerden und merken, dass sie die Verantwortung dafür niemals übernehmen könnten. Insofern ist der Vorschlag von Jesus, der sich zuerst brutal und gar nicht liebevoll anhört, als Gnadenakt zu verstehen. Jesus hat nie ein Beispiel für solch eine Tat gegeben, sie aber als „Skandalon", als „Stolperstein" bezeichnet, der nicht weggeräumt werden könne, d.h. für die kein Täter die Verantwortung übernehmen könnte.

K: Wie kann man das aber noch genauer fassen, was so radikal böse ist, dass niemand es verantworten kann?

H-P: Es muss etwas sein, was die menschliche Gemeinschaft so erschüttert und ihr einen so großen Schaden zufügt, dass sie in ihrer Existenz bedroht ist.

K: Und das war der Fall durch das, was Hitler und seine Gefolgsleute getan haben?

H-P: Genau, sie haben Menschenmassen wie Schlachtvieh fabrikmäßig dahingemordet und sich so auch an der menschlichen Gemeinschaft vergangen. In ihrem kollektiven Wahn eines reinrassigen Menschengeschlechts haben sie die Existenzvielfalt und Pluralität der Menschen bedroht, indem sie **den** arischen Menschen züchten und alle anderen Menschen eliminieren wollten. So haben sie durch den Versuch der Gleichmacherei, der Schaffung eines physischen Idealtypus und der geistig-ideologischen Gleichschaltung das typisch Menschliche in seiner Vielfalt zerstören wollen. Sie selbst sind, was Menschlichkeit betrifft, emotional immer mehr abgestumpft durch die vielen Morde, vor allem auch an Kindern, sodass sie sich selbst entmenschlicht haben. Dies wie Himmler noch als Heldentat hinzustellen, dass die Mörder ihre schlimmen Gefühle bei ihren Mordtaten geduldig ertragen würden, war der Gipfel einer bodenlosen Menschenverachtung.

K: An diesem Beispiel lässt sich das radikal Böse wirklich gut demonstrieren. Das hätte eigentlich niemals passieren dürfen, wie Hannah Arendt meinte. Viele Nazis in den oberen Rängen haben sich auch mit Drogen betäubt, um das Grauen, das sie selbst verbreitet haben, ertragen zu können. Dass sie trotzdem weitergemordet haben! Ich denke, das kann man nur soziologisch bzw. systemisch betrachten: Die Nazis, allen voran Hitler, hatten ein Feindbild, von dem sie immer mehr Deutsche überzeugen konnten, am eindrücklichsten schließlich durch den Krieg, den sie zwar selbst angezettelt hatten, es aber so darstellten, als seien alle anderen schuld. Nachdem das Feindbild akzeptiert war, ging es nur noch um die Frage, der Feind oder wir. Die Pflicht der Verteidigung des Lebens der eigenen Angehörigen und des eigenen Volkes musste ge-

tan und damit die Durchführung aller Gräueltaten ertragen werden. Insofern war Himmlers Lob von außen betrachtet zwar absolut
zynisch, aber innerhalb des Systems des Dritten Reiches nur logisch.
Möglicherweise hat er sogar selbst daran geglaubt, er war ja auch
in diesem System verwurzelt.

H-P: Wer einmal ein Feindbild aufgestellt hat, verfängt sich
darin und kommt allein nicht mehr heraus. Die Vernichtung der
Feinde ist dann eine tapfere Heldentat. Der Einzelne ist Rädchen im
System, und er hat das System internalisiert und sieht sich selbst
als Rädchen, das auch mit eigenen Initiativen, auch kreativ in vo-
rauseilender Pflichterfüllung, mithelfen muss, damit die Aufgabe
erfüllt werden kann, den Feind zu vernichten. Den einzigen
menschlichen Freiraum, den diese Täter noch nutzten, war, dass sie
ihre Aufgaben möglichst human erledigten. Manche meinten z.B.,
es sei menschlicher, zuerst die Mütter und dann die Kinder zu er-
schießen, andere wiederum, dass es humaner sei, erst die Kinder
und dann die Mütter zu töten. In ihrem Dialog mit sich selbst sahen
sie sich dann als „feine Kerle". Da übrigens die Engländer nicht zu
ihren Feinden zählten, obwohl diese Deutschland den Krieg erklärt
hatten, sondern nur als von den eigentlichen Feinden, den Juden,
irregeleitet, waren auch die englischen Soldaten, sofern sie ihre
Pflichten human erfüllten, ebenfalls „feine Kerle". Ein Patient von
mir, dessen Vater bei der Waffen-SS war, hat mir das erzählt, wobei
ihm bei diesem Ausdruck noch heute ein Schauer über den Rücken
lief. Diese Reduktion auf ein Rädchen im System, die jeder einzelne
auch selbst besorgte, ist das, was Hannah Arendt als die Banalität
des Bösen bezeichnete. Banalität kommt vom griechischen Wort
Banaos, wir benutzen auch das Wort Banause, was davon abgelei-
tet ist. Der Banaos war der einfache Handwerker, der im Gegensatz
zum Künstler nur Aufträge von anderen ausführte. Er saß hinter seinem Banos, seinem Ofen, und erfüllte seine Pflicht, war Rädchen
im System, ohne dieses jemals in Frage zu stellen.

K: Bei den ausführenden SS-Schergen, die gemordet haben,
stellt sich für mich dann die Frage, ob sie mehr Täter oder mehr
„Opfer einer Aufgabe" gewesen sind.

H-P: Ich glaube, diese Frage werden wir niemals beantworten können. Auch der Punkt, warum so viele Deutsche Hitler nicht ernst genommen und die Gefahr, wenn überhaupt, zu spät wahrgenommen haben, lässt sich schwer begreifen.

K: Das ist wie mit dem Frosch, wenn du ihn kochen willst: wirfst du ihn in zu heißes Wasser, springt er sofort aus dem Kochtopf wieder heraus. Setzt du ihn dagegen in kälteres Wasser, welches langsam erhitzt wird, dann merkt er die Gefahr erst dann, wenn er aufgrund der Hitze zu entkräftet ist. Von Martin Niemöller gibt es ein Zitat, das gut zu diesem Thema passt: „Als die Nazis die Kommunisten holten, habe ich geschwiegen; ich war ja kein Kommunist. Als sie die Sozialdemokraten einsperrten, habe ich geschwiegen; ich war ja kein Sozialdemokrat. Als sie die Gewerkschafter holten, habe ich geschwiegen, ich war ja kein Gewerkschafter. Als sie mich holten, gab es keinen mehr, der protestieren konnte." Die Frage, die mich in diesem Zusammenhang noch bewegt, ist, wieso es doch einzelne Menschen gab, die nicht nur nicht mitmachten, sondern sogar aktiv Juden geholfen haben, und ebenso, warum Dänemark und Bulgarien, wie Hannah Arendt in ihrem Buch über den Eichmann-Prozess schrieb, aktiv die Judenvernichtung der Nazis torpediert hatten.

H-P: Wenn jemand gute Freunde unter Juden hatte, war er immun dagegen, ein derartiges Feindbild zu übernehmen, und hat diesen Freunden und deren Freunden geholfen – und wahrscheinlich auch noch anderen, denen er begegnete. Bei Dänemark und Bulgarien vermute ich, dass es zumindest in den Regierungskreisen keinen Antisemitismus gab, sodass auch diese Menschen das Feindbild der Nazis nicht akzeptierten und menschlich handelten. Und wenn man etwas erreichen will, dann kann man sehr einfallsreich werden.

K: Erfolg ist ja der Sieg der Einfälle über die Zufälle. So kann der Wille kreativ und produktiv werden.

6. Die Produktivität des Willens

H-P: Die verschiedenen Vermögen bzw. Fähigkeiten des Willens sind zum einen die Denkfähigkeit einschließlich der Motivation und Kraft nachzudenken, um frühere Erfahrungen zu verarbeiten, sodass ich besser weiß, was ich tun kann und will und was nicht.

K: Dazu gehört auch das Wissen um Handlungen der Liebe, und wie bzw. wodurch ich Gutes oder Böses tue. Dabei spielt meine Haltung bzw., worauf ich meine Aufmerksamkeit richte, eine wichtige Rolle. Je flexibler meine Haltung, desto freier kann mein Wille sein.

H-P: Und je wertschätzender meine Haltung, desto flexibler ist sie.

K: Stimmt, weil ich dann danach suche, was ich wertschätzen kann, und jede Suche erhöht die Flexibilität. In der Philosophie suchen und fragen die Philosophen nach allem Möglichen, und was sie an Weisheit, an Sophia, dabei entdecken, das lieben, philein, bzw. wertschätzen sie.

H-P: Stimmt. Ich kenne keinen Philosophen, der nicht etwas besonders wertschätzt und diesem gegenüber eine wertschätzende Haltung einnimmt. Philosophieren bedeutet, immer wieder etwas Neues zu entdecken oder zu „entbergen", wie Heidegger es formulieren würde, das man wertschätzen kann.

K: Das geht aber nur mit einer großen Beweglichkeit des Denkens und ist ohne Rückzug aus der Welt des Handelns nicht möglich.

H-P: Genau. Zum andern brauchen wir beim Willen das Urteilen einschließlich der Motivation und Kraft zu urteilen, um möglichst unabhängig zwischen verschiedenen Alternativen bzw. Interessen wählen zu können. Je unabhängiger, desto freier ist mein Wille. Die Auswahl der Alternativen wird von eigenen Vernunftinteressen aufgrund vergangener Erfahrungen bestimmt, also vom Kopf her, oder von meinen momentanen Bedürfnissen, gewissermaßen vom Gefühl oder vom Bauch her, oder schließlich von dem, was ich glaube, dass es den Bedürfnissen oder Interessen von anderen in meinem Umfeld entgegenkommt, also dem von mir vermuteten Gemeinsinn, wonach anderen gerade der Sinn steht.

K: Kopf und Bauch treffen sich im Geschmack. Geschmack ist hier nichts Momentanes, sondern eine allgemeine geschmackliche Ausrichtung, dass z.b. jemand kein Marzipan mag, dafür aber Nougat. Außerdem ist Geschmack auch im übertragenen Sinn gemeint.

H-P: In diesem Sinne ist der Geschmack eine Art Schiedsrichter zwischen Kopf und Bauch, und teilweise richtet er sich auch nach dem Geschmack der anderen.

K: Ich finde z.b. Gartenzwerge kitschig und geschmacklos. Andererseits soll man über Geschmack auch nicht streiten. Etwas Geschmackvolles bezeichnet man auch als ästhetisch.

H-P: Das ästhetisch Schöne ist dann ein Kompromiss zwischen meiner Vernunft, meinen Bedürfnissen und Gefühlen und dem Geschmack der anderen, also zwischen den verschiedenen Geschmäckern bzw. Interessen und damit in gewissem Sinn frei von allen Interessen, wie schon Kant meinte. Seine Kritik der Urteilskraft wollte er ursprünglich Kritik des Geschmacks nennen.

K: Die Auswahl der verschiedenen Interessen, denen man folgen sollte, betrifft sowohl Ziele meines Handelns als auch Mittel und Wege dorthin. Mein Urteilen hängt natürlich auch von meiner Einstellung ab, ob ich z.b. mehr eigene Interessen oder die von anderen beachte oder das, was vernünftigerweise im Interesse aller liegen sollte, etwa nach Regeln, denen alle in meinem Umkreis zugestimmt haben. Ich muss also das Verhältnis von Kopf, Bauch und vermutetem Gemeinsinn sinnvoll und verantwortungsvoll einstellen. Je besser ich diese Einstellung reflektiere, also darüber nachdenke und ausprobiere, desto unabhängiger aufgrund einer erlernten Neutralität bin ich bei meinen Entscheidungen von unterschiedlichen Interessen.

H-P: Und du reflektierst deine Einstellung umso mehr, je mehr du dich bemühst, verbindlich und zuverlässig zu sein. Das ist letztlich Moral bzw. eine moralische Einstellung. Hannah Arendt schreibt in ihrem Denktagebuch, Heft II, 31: „Alle Moral lässt sich wirklich auf Versprechen und Halten des Versprochenen reduzieren."

K: Wertschätzende Haltung und verbindliche Einstellung, das hatten wir doch schon mal. Hier begegnen sich also Philosophie und Moral, denn „warum soll ich überhaupt irgendetwas tun, warum soll ich versprechen und das Versprochene halten?", fragt die Moral. „Weil ich andere und mich wertschätze, die wir philosophieren können", antwortet die Philosophie. Und philosophieren kann jeder.

H-P: Stimmt. Und drittens schließlich gibt es noch das Vermögen zu handeln einschließlich meiner Motivation und Kraft dazu, etwas zu beginnen, die Initiative zu ergreifen und dadurch produktiv zu werden.

K: Je nachdem, wie meine Stimmung ist, fällt es mir schwerer oder leichter, etwas anzupacken und zu tun. Hier hängt meine Willensfreiheit davon ab, wie stark mein Konflikt ist zwischen „Ich will" und „Ich will nicht oder etwas anderes". Konflikte drücken die Stimmung.

H-P: Je versöhnlicher ich gestimmt bin, und zwar sowohl anderen als auch mir selbst gegenüber, desto weniger belasten mich Konflikte, und je weniger belastende Konflikte ich habe, desto besser meine Stimmung. Konflikte als solche erhöhen meine Flexibilität, was Haltung und Einstellung betrifft, und damit meine Willensfreiheit, wenn sie nicht als Belastung meine Stimmung drücken und mich auf diese Weise lähmen.

K: Wann ist denn ein Konflikt belastend?

H-P: Wenn er auf die Stimmung drückt.

K: Tolle Antwort!

H-P: Nein, ich meine, wenn ich nicht damit umgehen kann und er mich so im Handeln behindert.

K: Wenn du also nicht damit umgehen kannst, drückt er auf die Stimmung, macht im Extremfall depressiv, und das behindert das Handeln und schränkt die Willensfreiheit ein, weil du willst, aber nichts oder zu wenig machst.

H-P: Menschen, die unter Depressionen leiden, neigen zum Grübeln, was das Denken einschränkt, sie haben Entscheidungsschwierigkeiten, was von ihrem beeinträchtigten Urteilsvermögen kommt, und sie haben das Gefühl, kaum etwas zu schaffen, eine Lähmung im Handeln. Meistens akzeptieren sie sich nicht selbst, ihre Haltung ist gedrückt, ihre Einstellung sich selbst gegenüber ist negativ und wenig verbindlich, d.h. sie sorgen zu wenig für sich selbst, und sie sind sich selbst gegenüber wenig versöhnlich gestimmt. Das alles macht unfrei, und sie verstricken sich immer tiefer in Konflikten.

K: Je freier mein Wille, desto produktiver bin ich und umgekehrt, je produktiver ich bin, desto freier ist mein Wille. Dabei setzt sich meine Willensfreiheit aus drei Faktoren zusammen: meine Flexibilität im Denken, meine Unabhängigkeit oder Ausgewogenheit im Urteilen und meine Produktivität im Handeln.

H-P: Dies hängt jeweils ab 1. von der Flexibilität meiner Haltung und Aufmerksamkeit bzw. meiner Achtsamkeit, 2. von der wiederholten und ständigen Reflektion meiner Einstellung, um jederzeit entschlossen meine Entschlossenheit zurücknehmen zu können, wie Heidegger sagen würde, und 3. von einem derartig versöhnlichen Umgang mit Konflikten, dass sie nicht meine Stimmung drücken. Gesellschaftlich betrachtet macht ein versöhnlicher Umgang mit Konflikten jede Politik produktiv, sodass sich in diesem Rahmen Philosophie, Moral und Politik begegnen.

K: Dabei ist die Moral bzw. Ehrlichkeit sehr wichtig, damit die Versöhnlichkeit nicht unecht und geheuchelt ist. Ferner kann man nicht immer seine Versprechen halten, und hier ist Versöhnlichkeit sehr wichtig, damit die wertschätzende Haltung dem Betreffenden gegenüber erhalten bleibt.

H-P: Wie vorhin schon ausgeführt, helfen also nicht nur gesellschaftlich, sondern auch beim Einzelnen eine wertschätzende Haltung, eine verbindliche Einstellung und eine versöhnliche Stimmung.

K: Der letzte Punkt befriedigt mich noch nicht richtig. Es ist natürlich gut, wenn meine Stimmung nicht gedrückt wird, aber wodurch bzw. wie bekomme ich überhaupt eine gute oder versöhnliche Stimmung, die mich produktiv sein lässt? Ist eine solche Stimmung bzw. eine derartig überfließende Kraft die des Charakters oder schon die der eigenen Natur?

H-P: Du hast recht, wenn du an dieser Stelle noch einmal nachhakst. Wenn wir einmal zwei Menschen betrachten, die in konfliktreichen Zeiten lebten und auch mit Konflikten häufig konfrontiert waren, nämlich Jesus und Franz von Assisi, so fällt bei beiden weniger ihre Sanftmut auf, sondern vielmehr ihre außergewöhnliche Kraft und ihr Mut, Gutes tun zu wollen und es gerne zu tun, wir finden bei ihnen eine sehr positive Stimmung und eine starke Willenskraft. Typisch für die Produktivkraft beider war auch, dass es schon eine aufgestaute Kraft gab, die nur noch eines Auslösers bedurfte, um produktiv zu werden.

K: In „Die fröhliche Wissenschaft" vergleicht Nietzsche dies mit einem „Streichholz im Verhältnis zur Pulvertonne".

H-P: Bei Jesus geschah dies auf der Hochzeit von Kanaan, als er die Not der Menschen sah, die zusammen feiern und fröhlich sein wollten, aber arm waren und zu wenig Wein hatten. Da zeigte er ihnen, dass menschliche Gemeinschaft und gegenseitige Liebe, wenn man vergangene Streitigkeiten und Differenzen auf sich beruhen lässt – eine Hochzeit feiert ja die Liebe –, vollkommen ausreichen, um Wasser wie Wein genießen zu können. Aus diesem Ereignis entwickelte er das, was später die Eucharistie, das Liebesmahl wurde und das hebräische Tempelopfer ersetzen sollte. Der ärgerliche Mangel an Wein, die große Wertschätzung, mit anderen Menschen zusammen sein zu können, die verbindliche, sich an menschlicher Verbindung erfreuende Einstellung und die zündende und mit dem Ärger versöhnende Idee, dass man auch ohne Wein, ohne materiellen Aufwand in Liebe zusammen feiern kann, explodierten sozusagen in einer neuen Religion, dem Christentum.

K: Und wie war das bei Franz von Assisi?

H-P: Auch bei Franz von Assisi kam es zu einer Art Detonation, als sein Vater ihn bei Gericht verklagte, weil er die materiellen Güter seines Vaters benutzt hatte, um Kirchen zu restaurieren, damit Menschen zur Liebe und zum Glauben finden. Franz zog sich daraufhin vollkommen nackt aus und verzichtete auf sein Erbe. Der Verzicht auf materielle Güter als zündende und mit dem Schicksal versöhnende Idee und die starke Wertschätzung des menschlichen Miteinanders führten schließlich zur Ordensgründung der Franziskaner, die sich jedoch nicht wie andere Orden von der Welt abschließen, sondern verbindlich als Wanderprediger die Menschen zur Umkehr bzw. Buße bringen sollten und wollten, damit sie nicht so sehr auf das Materielle, sondern vielmehr auf das Mitmenschliche Wert legten.

K: Bei beiden finden wir diese enorme Wertschätzung des Menschlich-Gemeinsamen, dem viel mehr Wert beigemessen werden sollte als materiellen Gütern.

H-P: Das ist diese Liebe zur Güte, und die schon ganz am Anfang diskutierte Wertschätzung ist der Schlüssel dazu. Aus dieser Liebe entsteht die Kraft, die Willenskraft, die dann so produktiv wurde, dass sie eine neue Religion bzw. einen neuen Orden schuf.

K: Jetzt haben wir zumindest eine Kraftquelle gefunden, nämlich die Liebe, aus der dann produktive Handlungen der Liebe erwachsen. Es gibt und gab aber auch andere Menschen, die starke Willenskraft hatten, bei denen ich keine Liebe zur Güte finden kann. Nimm als Beispiel nur Hitler, bei dem ich stattdessen großen Hass sehe, der sich vor allem gegen die Juden wandte!

H-P: Hass ist ebenfalls eine Kraftquelle, sozusagen das Gegenteil der Liebe. Wenn ich etwas liebe, dann will ich, dass es sei, schreibt Augustinus, und dieser Wille hat dann dieselbe Kraft wie die entsprechende Liebe. Wenn ich dagegen etwas hasse, dann will ich, dass es nicht ist, ich will es vernichten, und die entsprechende Willenskraft ist die des Hasses. Wenn ich etwas nicht will, wenn ich es hasse, dann kann ich es nicht lieben, d.h. hassen impliziert nicht lieben können. Das Phänomen des Hasses ist also sehr stark mit dem der Liebe verquickt. Hass ist nicht einfach das Gegenteil von Liebe, es ist eine Art umgewandelte Liebe. Ich möchte daher noch einen Schritt weiter gehen und statt „hassen ist nicht lieben können" sagen, „hassen ist *nicht mehr* lieben können". Ich will ja, dass es *nicht mehr* ist. Ich kann ja nur hassen, was da ist und nicht mehr da sein soll. Ich gehe dabei davon aus, dass ein Kind gar nicht anders kann, als alles zu lieben, was da ist und ihm begegnet. Das differenziert sich dann erst nach und nach.

K: Was aber kann denn Liebe derart schrecklich umwandeln, sodass Hass entsteht?

H-P: Jegliche Art von Enttäuschung. Hitler z.B. hat seinen Vater geliebt wie jedes Kind, vielleicht sogar stärker als andere Kinder. Sein Vater aber hat ihn brutal misshandelt. Er wurde vom Vater verdroschen und musste dabei laut und deutlich ohne irgendeinen Schmerzenslaut bis Hundert zählen. Wenn ihm das an irgendeiner Stelle nicht gelang, musste er wieder von vorne anfangen zu zählen, und erst bei Hundert hörte der Vater auf mit der Misshandlung. Bis an sein Lebensende hatte Hitler immer wieder Alpträume, bei denen er im Schlaf mit zusammengebissenen Zähnen laut zählte. Ob bewusst oder unbewusst muss er derart von seinem Vater enttäuscht gewesen sein und einen starken Vaterhass entwickelt haben.

K: Wie kam es dann, dass er die Juden so hasste?

H-P: Damals war der Antisemitismus weit verbreitet, und ich weiß nicht, ob auch noch Folgendes eine Rolle spielte, was einer gewissen Ironie nicht entbehrt: die Mutter von Hitlers Vater Alois war Dienstmädchen in einer reichen jüdischen Familie und wurde wahrscheinlich von einem Sohn des Hauses geschwängert. Daraufhin wurde sie mit Geld abgespeist und mit einem ihrer Cousins verheiratet. Ihr Kind Alois fiel durch besondere Intelligenz auf und machte trotz seiner Herkunft aus der Unterschicht Karriere als Beamter beim Zoll. Das war schon auffällig. Aller Wahrscheinlichkeit nach war Hitler also Vierteljude und sein Vater Halbjude. Insofern passte der Antisemitismus seiner Zeit zu seinem Vaterhass. Übrigens, als die Nazis mit Panzern in Österreich einfuhren, wurde „aus Versehen" das Grab von Hitlers Vater platt gemacht.

K: Das ist ja ein starkes Stück. Enttäuschung wandelt also Liebe in Hass um, und je stärker vorher die Liebe, desto stärker ist nachher der Hass.

H-P: Und aufgrund dieser Enttäuschung und dieses Hasses hat die betreffende Person dann das Gefühl, sie dürfe sich an allem und jedem rächen, und alle Mittel seien ihr dabei erlaubt. Insofern muss sie nicht heucheln und ihren Hass verbergen. Sie darf alle Menschen für ihre Zwecke benutzen, darf Mühe und Arbeit anderen aufoktroyieren, weil sie ja so viel Unrecht erlitten habe. Wie früher schon erwähnt, gibt ihr das noch mehr Willenskraft und Lust an der entsprechenden Machtausübung und Beeinflussung anderer. Bei Hitler war ja sein Wille schließlich das Gesetz, dem alle seine Anhänger gehorchten.

K: Dass es davon so viele gab, führt Alice Miller darauf zurück, dass es in seiner Generation so viele als Kinder misshandelte und daher enttäuschte Menschen gab, denn vor dem 1. Weltkrieg gab es die sogenannte „Schwarze Pädagogik", die davon ausging, dass Kinder als Verbrecher zur Welt kommen, die man durch kräftige Prügelstrafen zum Guten erziehen muss.

H-P: Wir sollten daher heute unsere Kinder so erziehen, dass sie deutlich mehr Liebe als Enttäuschungen erfahren. Ganz ohne Enttäuschungen geht es nicht, aber durch Liebe können wir lernen, immer besser damit umzugehen. Jesus wurde von seinen Eltern sehr geliebt, und es spielte eine untergeordnete Rolle, dass er von seinem Dorf, in dem er aufwuchs, nicht als vollwertig angenommen und daher von der Synagoge, der Dorfversammlung, ausgeschlossen wurde. Offiziell war nämlich trotz aller Beteuerungen seines Vaters Josef unklar, wer sein Vater sei. Jesus löste dieses Problem später, indem er verkündete, dass Gott sein Vater sei. Ähnlich verhielt sich auch Franz von Assisi, der nach der Enttäuschung wegen der gerichtlichen Anklage seines Vaters gegen ihn ebenfalls äußerte, dass Gott sein Vater sei.

7. Lügen und Täuschen

K: Wie sieht es eigentlich mit der Wahrheit aus, bzw. darf man lügen, darf man andere täuschen? Wo hört das Gute auf und fängt das Böse an?

H-P: Wenn man die 10 Gebote, den Dekalog, betrachtet, so findet man dazu nur, dass man kein falsches Zeugnis geben soll gegen seinen Nächsten.

K: Ich darf also keine Lügen über dich verbreiten, die dir schaden, andere Unwahrheiten schon, z.b. dass du gut aussiehst.

H-P: Sehr witzig! Aber auch damit solltest du vorsichtig sein, ich könnte hochmütig werden, und das würde mir schaden.

K: Du meinst, wenn ich bei den Tatsachen bleibe, bin ich immer auf der sicheren Seite.

H-P: Nicht unbedingt. Wenn sich jemand versteckt, den ein anderer umbringen will, und du wirst von diesem gefragt, wo der Betreffende sich versteckt hat, dann ist es gut zu lügen. Damit schadest du niemandem und gibst gegen niemanden ein falsches Zeugnis, du verhinderst sogar einen Mord. Übrigens hast du mir ein gutes Stichwort gegeben, es geht hier nämlich um Tatsachenwahrheiten und nicht um sogenannte Vernunftwahrheiten. Bei diesen kann man sich irren.

K: Man kann aber auch etwas anderes sagen als, was man denkt, meint oder, was für Absichten man hat.

H-P: Da versucht man andere dazu zu bringen, dass sie sich irren. Man will sie täuschen und verwirren. Das hat sogar Jesus mit Herodes und seinen Häschern gemacht, als er die Apostel ausgesandt hat, die genauso wie er überall im Land Abendmahle und Zusammenkünfte abhielten. So wussten seine Verfolger nie, wo er selbst gerade war. Das ist vermutlich auch der wichtigste Grund gewesen, warum Jesus keine Frauen als Apostel gewählt hat: nur mit Männern konnte er Herodes hinters Licht führen.

K: Das, finde ich, ist auch legitim. Aber wie kann ich mich jetzt orientieren, um Gut und Böse voneinander zu unterscheiden?

H-P: Jesus hatte für sich eine einfache Richtschnur: alles, was der Liebe diente, war gut, und alles andere nicht. Liebe war für ihn Nächstenliebe, Selbstliebe und Gottesliebe. Damit radikalisierte er die ganze hebräische Ethik bzw., wie er sich ausdrückte, erfüllte er die Gesetze und die Propheten. Gottesliebe bedeutet hier, möglichst alles zu geben, um ein gottgefälliges Leben zu führen, und gottgefällig bedeutet, den Nächsten und sich selbst gleichermaßen zu lieben. Insofern stehen Nächstenliebe, Selbstliebe und Gottesliebe in einem absolut dialektischen Verhältnis zueinander, d.h. zwei dieser Begriffe vermitteln den dritten und dieser zwischen den beiden anderen. Damit hat keiner dieser drei Begriffe einen Vorrang vor den anderen.

K: Oh je, jetzt bist du wieder in deine Theorie abgerauscht. Das steht doch alles in deinem Buch „Psychologisch-philosophische Untersuchungen". Was bedeutet das denn konkret.

H-P: Konkret bedeutet das z.b., dass du noch nicht einmal an Gott zu glauben brauchst, wenn du dich nur immer mehr der vollkommenen Liebe näherst, indem du mit anderen genauso liebevoll umgehst wie mit dir selbst. Wenn ich z.B. einen Fehler gemacht habe, dann halte ich mir das vor, und erst wenn ich mich überzeugt habe, dass ich diesen Fehler so schnell nicht mehr machen werde, verzeihe ich mir das. Ich habe dann daraus etwas gelernt, mir Gedanken gemacht, wie es dazu kommen konnte, und mir Vorkehrungen überlegt, wie ich besser mit ähnlichen Situationen umgehen kann.

K: Wenn du das nur mit dir allein ausmachst, ist das vielleicht nicht verbindlich genug.

H-P: Für manche kann das tatsächlich nicht ausreichen. Sie brauchen eine Art soziale Kontrolle, indem sie ihren Fehler und ihre Vorsätze wenigstens einer vertrauten Person als eine Art Zeuge mitteilen. Das ist dann so ähnlich wie eine Beichte.

K: Und andere wie ich sind diszipliniert genug, um ohne Beichtvater auszukommen. In jedem Fall zeigt dir das Ergebnis, wenn du immer wieder denselben Fehler machst, dass etwas nicht ausreichend war.

H-P: Entsprechend liebevoll wie mit mir würde ich es mit dir machen und dir helfen, aus deinen Fehlern zu lernen. Dabei erübrigt sich ein Zeuge, der wäre dann ich selbst. Auf diese Weise dürfen wir beide dann so viele Fehler machen, wie wir wollen. Du kennst ja den Spruch: „Aus Fehlern wird man klug, drum ist einer nicht genug."

K: So würde also dann konkrete Gottesliebe aussehen, indem wir uns gegenseitig helfen, der vollkommenen Liebe immer näher zu kommen, und danach könnten auch Atheisten leben. Sie müssten nur glauben, dass die Weiterentwicklung ihrer Liebesfähigkeit den Sinn ihres Daseins erfüllt.

H-P: Genau, das ist eigentlich der Glaube an Gott, der ganz eindeutig ist, neben dem es nichts anderes Gutes geben kann. Ferner sollte man die Bezeichnung Liebe nicht missbrauchen, also nicht vorgeben, dass man sich bemüht, immer liebevoller zu handeln, aber in Wirklichkeit etwas ganz anderes im Schilde führt. So sind die Gebote, nur an einen Gott zu glauben, keinen anderen Göttern zu dienen und den Namen Gottes nicht zu missbrauchen, radikalisiert bzw. auf ihre Wurzel zurückgeführt – radikal kommt von lateinisch radix, die Wurzel.

K: Um also auf meine Eingangsfrage zurückzukommen, meinst du, man dürfe und solle Tatsachen verdrehen bzw. lügen oder andere verwirren bzw. täuschen, wenn es den anderen Beteiligten und einem selbst zugutekommt.

H-P: Wenn dadurch insgesamt Leid gemindert wird, mehr Fairness entsteht, eine vernünftige Rangordnung eingehalten wird, Versprechen gehalten und zwischenmenschliche Beziehungen reingehalten und friedlich gestaltet werden, ja.

K: Das ist ja ganz schön kompliziert. Wie soll ich da auf alles achten?

H-P: Das Ganze wird noch komplizierter dadurch, dass jeder aufgefordert ist, immer wieder die Abhängigkeit zu überwinden, die wir von allen möglichen Meinungen anderer haben. Es gilt immer wieder unabhängiger im Denken, Urteilen und Handeln zu werden, nur so können wir immer unmittelbarer werden im Verstehen dessen, wozu und worum willen wir da sind. Ferner gilt es den Tatsachenwahrheiten über die Ergebnisse unseres Handelns ins Auge zu blicken, damit dieses Verständnis auch immer echter wird.

K: Jetzt verstehe ich schon besser, was der Sinn deiner Definition der vollkommenen Liebe ist, dass du sie als das echte und unmittelbare Verstehen unseres Worumwillens umrissen hast.

H-P: Du findest dieses Streben nach Unabhängigkeit und Echtheit bzw. nach Unmittelbarkeit und Wahrheit bei allen, die sich immer wieder außerhalb des politischen und gesellschaftlichen Bereichs begeben, wie z.b. die Philosophen, die Wissenschaftler und Künstler, die Historiker und Richter, sowie die Zeugen und Berichterstatter. In der ostasiatischen Philosophie und im Buddhismus wird der Einzelne aufgefordert, in die Position des Zeugen und Beobachters zu gehen. Dies wird als meditative Haltung bezeichnet.

K: Mit erhöhter Achtsamkeit werde ich mir gewisser Gewohnheiten im Denken, Urteilen und Handeln immer bewusster und kann mich davon immer unabhängiger machen, und indem ich auf die Ergebnisse meines Handelns entsprechend achte, komme ich immer mehr zu mir selbst und bin immer echter ich selbst.

H-P: Auf die Ergebnisse zu achten, bedeutet insbesondere, darauf zu achten, inwieweit ich nach den oben erwähnten Prinzipien der Leidminderung, der Fairness, der Rangordnung, der Loyalität und der Reinhaltung von Beziehungen gehandelt habe, ob diese Prinzipien erfüllt wurden.

K: Und wenn ich dich richtig verstanden habe, helfen mir dabei eine Haltung der Wertschätzung gegenüber anderen Menschen, Lebewesen und Dingen, die mir in der Welt begegnen, sowie eine verbindliche Einstellung anderen gegenüber, dass ich Versprechen gebe und halte, und eine versöhnliche Stimmung, anderen und mir selbst möglichst nichts persönlich übelzunehmen.

H-P: Besser hätte ich es nicht sagen können. Es ist, wie gesagt nicht einfach, aber mit etwas gutem Willen zu schaffen. Und was Lügen und Täuschen betrifft, täuschen und belügen wir uns dadurch immer weniger und kommen der Wahrheit über den Sinn unseres Daseins immer näher.

8. Empathie: Mitleiden und Mitfühlen

K: Wie ist das eigentlich mit dem Einfühlungsvermögen, der Empathie: sind Mitleiden und Mitfühlen auch Handlungen der Liebe?

H-P: Empathie ist ein Vermögen, eine Fähigkeit, sich in andere derart hineinzuversetzen, dass man dabei etwas empfindet, also etwas von sich selbst findet, und fühlt, was es mit einem macht. Wenn man dabei leidet, dann ist das ein Mitleiden. Wenn man dabei ein Gefühl entwickelt, sozusagen in die Zukunft vorfühlt, wie es einem selbst in der Situation des anderen gehen würde, dann ist das ein Mitfühlen. Beim Mitfühlen identifiziere ich mich nicht mit dem anderen, sondern bleibe ich selbst. Ich kann natürlich auch beim Mitfühlen mitleiden, muss es aber nicht unbedingt.

K: Okay, jetzt weiß ich wenigstens, wie du diese Begriffe verwendest. Mitfühlen scheint zumindest besser für mich selbst zu sein, aber ist mitleiden vollkommen sinnlos?

H-P: Prinzipiell ist nichts sinnlos, und es ist auch wichtig, dass ich das Leid eines anderen Menschen in diesem Moment, im Hier und Jetzt, erfassen kann. Wenn nicht, kann ich keine Veranlassung erkennen, ihn zu trösten oder irgendwie zu unterstützen, aus seinem Leid herauszukommen oder es wenigstens zu lindern. Außerdem kann ich niemanden richtig verstehen, wenn ich nicht auch etwas von seiner Vergangenheit kenne und mitempfinden kann, wie es diesem Menschen damals ging. Nimm nur jemanden, der als Kind missbraucht und misshandelt wurde.

K: Stimmt, wenn ich das nicht berücksichtige, kann ich nichts von dessen gegenwärtigem Leid verstehen.

H-P: Dann allerdings ist es wichtig, dass ich mich von diesem vergangenen Leid befreie und so tue, als hätte ich anstelle des anderen diese leidvolle Vergangenheit verarbeitet. Nur so kann ich ihm helfen, dass auch er dies kann, damit wir zusammen in die Zukunft blicken und vorfühlen können, wie es in der Gegenwart am besten weitergehen kann. Das ist dann ein ausgesprochenes Mitfühlen, und alles zusammen ist dann eine Tätigkeit der Liebe, was du insbesondere daran erkennen kannst, dass Leid zumindest gemindert wurde.

K: Hört sich ja gut an, aber gelingt das immer so einfach?

H-P: Es gibt eine mentale Übung, bei der du mit der Vorstellung beginnst, du hättest gerade eine Nacht der Wunder hinter dir, bei der eines deiner wichtigsten Probleme sich gelöst hätte, und du wachst morgens auf. Woran merkst du als erstes, dass dieses Wunder geschehen ist?

K: Ich wäre wahrscheinlich sehr erleichtert und würde auf diese Weise so leicht und schnell, so voller Tatendrang aus dem Bett springen wie noch nie, und wenn ich mich im Badezimmerspiegel betrachten würde, würde ich denken, „Dieses Grinse-Gesicht kenne ich zwar nicht, aber ich wasche es trotzdem."

H-P: Siehst du, deine Stimmung wäre erheblich besser als sonst, und alles ginge dir viel leichter von der Hand. Wenn du dich durch diese Vorstellung in einen besseren Zustand gebracht hast, dann kannst du dir selbst von heute aus der Zukunft mit dieser positiven Stimmung einen Tipp geben, was du als ersten Schritt zur Lösung deines Problem machen kannst, und schon bist du wenigstens einen Schritt weiter.

K: Hei, gut, du hast mich gerade auf eine gute Idee gebracht.

H-P: So ähnlich ging es einer meiner Patientinnen, mit der ich zwar nicht diese Übung gemacht habe, mit der ich aber nicht nur gelitten, sondern auch in die Zukunft gefühlt habe. Sie war gerade sehr enttäuscht worden von einem Mann, in den sie sich zuvor verliebt hatte. Ich konnte mitempfinden, wie weh so etwas tut, da ich Ähnliches auch schon erlebt hatte, aber ich konnte das Mitleiden abkürzen, weil ich derlei Enttäuschungen schon verarbeitet hatte, und fühlte an ihrer Stelle in die Zukunft und meinte, „Dann können Sie auch bei Ihrem Mann bleiben." Da war sie so verblüfft, dass sie lachen musste. Ich hatte sie auf die gute Idee gebracht, sich wieder der Beziehung mit ihrem Mann zuzuwenden, den sie trotz allem immer noch liebte.

K: Okay, das beantwortet mir aber nicht meine Frage, ob das immer so einfach geht.

H-P: Du hast recht, so einfach geht es natürlich in den seltensten Fällen. Allerdings hilft das durch die Empathie gewonnene Verständnis von anderen diesen schon allein dadurch, dass sie sich nicht mehr so allein fühlen. Sie spüren, dass da jemand ist, der eine ähnliche Stimmung hat wie sie selbst, der sozusagen wenigstens ein bisschen so empfindet wie sie, der etwas Ähnliches schon einmal erlebt hat und sich mit ihrer Situation beschäftigt und nach Lösungen sucht. Und das regt auch bei ihnen einen Suchprozess nach Lösungen an.

K: Stimmt, das kann wirklich helfen, vor allem dann, wenn jemand schon aufgegeben hat und nicht mehr glaubt, eine Lösung zu finden. – Wenn es nun nicht einfach ist, anderen durch Empathie zu helfen, dann heißt das, dass Empathie entweder wirkungslos oder aber sogar gefährlich sein kann. Gibt es auch Gefahren?

H-P: Auf jeden Fall. Von der Wirkung her kann es für beide, für Helfer und für Hilfsbedürftige demoralisierend sein, wenn es nicht gelingt, eine Besserung zu erreichen. Ferner müssen Helfer darauf achten, dass sie nicht zu sehr mitleiden, das schadet ihrer eigenen psychischen Gesundheit. Sie dürfen sich nicht zu sehr oder zu lange mit den zu Helfenden identifizieren, sonst können sie nicht trösten, weil sie selbst Trost brauchen, oder sie wehren ihr Leid ab, indem sie aggressiv werden und anderen die Schuld geben. Das alles verhindert Lösungen, statt sie zu ermöglichen.

K: Kannst du mir ein Beispiel dafür geben, wie ich dem entgehen kann, mich zu sehr mit jemandem zu identifizieren?

H-P: Ja, da gibt es die Geschichte von dem Rabbi, der einen jungen Mann, der auch Rabbi werden will, als Schüler angenommen hat. Morgens, gleich am ersten Tag kam eine Frau zum Rabbi und klagte ihm ihr Leid, wie grob und verletzend ihr Mann zu ihr gewesen sei. Voller Empathie sagte der Rabbi zu ihr: „Ich verstehe dich gut, meine Tochter, das ist wirklich schlimm, was du da erlebt hast." Getröstet und zufrieden ging die Frau nach Hause. Spät nachmittags kam der Mann dieser Frau von der Arbeit, ging zum Rabbi und klagte ihm sein Leid, wie vorwurfsvoll und ungerecht seine Frau zu ihm gewesen sei. Da sagte der Rabbi auch zu ihm voller Mitgefühl: „Ich verstehe dich gut, mein Sohn, das ist wirklich schlimm, was du da erlebt hast." Getröstet und moralisch wieder aufgerichtet ging der Mann daraufhin nach Hause. Da sprach der Schüler des Rabbi: „Das ist ja nicht zum Aushalten! Wie soll ich das jemals schaffen, bei so viel Streit und gegenseitigen Vorwürfen noch ruhig und bei mir bleiben zu können. Das ist ja ein entsetzliches Wechselbad der Gefühle." Voller Mitgefühl und Empathie meinte da der Rabbi: „Ich kann dich gut verstehen, mein Sohn."

K: Konni Stauss hat einmal gesagt, Psychotherapie ist eines der schwersten Geschäfte.

H-P: Da hat er recht. Aber auf eine besondere Gefahr möchte ich noch aufmerksam machen: Mitfühlen kann man zwar üben und lernen, aber man kann es nicht erzwingen. Niemand kann bei allen Problemen und bei jedem anderen Menschen mitfühlen. Manche Therapie-Manuale können in dieser Hinsicht falsch verstanden werden und so zu frustrierenden Erfahrungen bei allen Beteiligten führen.

K: Dann gibt es verbrannte Erde, und mancher Patient hat die Schnauze voll von Psychotherapie.

H-P: Genau. Nicht für umsonst machen Psychotherapeuten eine Menge Selbsterfahrung während ihrer Therapieausbildung und supervidieren sich hinterher regelmäßig gegenseitig, um sich bei schwierigen Therapieproblemen zu unterstützen und vor derartigen Gefahren zu bewahren. Je besser ich mich selbst kenne, desto besser weiß ich, bei welchen Problemen ich passen muss, und welche Patienten mir nicht liegen.

K: Nachdem du dich mit mir so ausgiebig unterhalten hast, nehme ich stark an, dass ich dir liege. Zumindest hast du mich schon so gut beeinflusst, dass ich ganz vergessen habe, dich auch mal ab und zu zu kritisieren.

9. Liebe, Macht und Gewalt

H-P: Das kann aber auch daran liegen, dass du mich derart beeinflusst hast, dass ich es dir recht mache. Das ist gegenseitige Beeinflussung und möglicherweise ein Zeichen von gegenseitiger Liebe.

K: Ui, dann sind wir jetzt ein Liebespaar?

H-P: Gegenseitige Beeinflussung ist erst einmal eine gegenseitige Machtausübung, und da Liebe eine Macht ist, könnte dies Liebe sein, muss es aber nicht. Es kann auch eine einfache gegenseitige Manipulation sein.

K: Jetzt bin ich aber enttäuscht. Am liebsten würde ich mich jetzt zurückziehen und mir was Gemeines ausdenken, was ich mit dir mache.

H-P: Das wäre dann weder Liebe noch Macht. Das wäre Gewalt, und du würdest dadurch Macht bzw. deinen Einfluss auf mich verlieren. Meine Liebe dir gegenüber könnte erhalten bleiben, wenn es mir gelänge, dir zu verzeihen bzw. dir deine zukünftige Tat nicht persönlich übelzunehmen.

K: Und meine enttäuschte Liebe kann ich auch aufrechterhalten, wenn ich es dir nicht persönlich übelnehme, dass du mir nur die Unterschiede zwischen Liebe, Macht und Gewalt demonstrieren wolltest.

H-P: Richtig. Liebe ist eine Macht, und Macht ist gleichbedeutend mit Einflussmöglichkeit, ein *Zustand*, der durch Gewalt, eine *Praxis* des zwischenmenschlichen Handelns, verringert wird, je länger diese Praxis andauert und je weniger verständlich sie ist oder je weniger sie verständlich gemacht wird. Bei Gewalt wird Stärke benutzt, und Stärke, englisch strength, wortverwandt mit „streng", von lateinisch stringere, bündeln, entsteht durch die Bündelung verschiedener Kräfte, körperlicher Kräfte und deren Verstärkung durch technische Mittel, wie z.B. Werkzeuge und Waffen.

K: Halt, Hilfe! Das reicht. So viele Erklärungen brauche ich nicht, deine Demonstration war vollkommen genug. So viele Definitionen erschlagen mich. Das kann ich mir sowieso nicht alles merken.

H-P: Okay, hier dafür ein Beispiel: Wenn ich ein Kind mit Gewalt daran hindere, auf die Straße vor ein fahrendes Auto zu laufen, dann ist es womöglich erst einmal sauer auf mich, und ich habe Macht bzw. Einfluss verloren. Wenn ich ihm dann erkläre, weshalb ich das getan habe, dass ich es vor einer Katastrophe gerettet habe, dann ist mein Einfluss wiederhergestellt oder vielleicht sogar noch größer geworden, weil das Kind mich als Autorität anerkennt. Was Erfahrungen im Straßenverkehr betrifft, stehe ich in der Rangordnung nun höher, und das Kind wird in Zukunft noch besser auf mich hören. Wenn ein Vater dagegen seinen Sohn täglich verprügelt, hat der Sohn zwar Angst vor ihm und gehorcht deswegen sofort, aber der Vater hat keinen Einfluss auf ihn, was der Vater allerdings erst dann merkt, wenn der Sohn genauso stark geworden ist wie er und sich nichts mehr gefallen lässt.

K: Dazu fällt mir ein arabisches Sprichwort ein: „Die ersten Jahre sind deine Kinder dein Sonnenschein, dann deine Diener und schließlich entweder deine Freunde oder deine Feinde, je nachdem, wie du sie behandelt hast."

H-P: Es kann natürlich auch sein, dass jemand im Nachhinein seinen prügelnden Vater versteht und ihm das nicht mehr persönlich übelnimmt. Dann kann der Vater wieder Einfluss gewinnen, wenn er sein Fehlverhalten einsieht, sich selbst also versteht, und sich als Wiedergutmachung wenigstens entschuldigt.

K: Aha! Hört, hört! Wenn er sich entschuldigt …

H-P: Okay, ich habe verstanden. Entschuldige, dass ich vorhin so unsensibel gewesen bin und auf die Andeutung, dass du mich liebst, nicht richtig eingegangen bin.

K: Dann sind wir also doch ein Liebespaar.

H-P: Wir lieben uns gegenseitig, auch ohne dass wir eine eingetragene Lebensgemeinschaft werden. Wir haben eine sogenannte platonische Liebe.

K: Darauf kann ich mich einigen.

H-P: Mir fällt übrigens noch eine schöne Geschichte ein, wie ein Problem mit Wertschätzung, also letztlich durch die Macht der Liebe, viel besser gelöst wurde als durch Gewalt: Während meines Psychologiestudiums in Heidelberg wohnte ich dort in einer

Wohngemeinschaft in der Unteren Straße über einer Kneipe. Eines Tages verirrte sich ein Kneipenbesucher, nachdem er auf der Toilette der Kneipe gewesen war, in unsere Wohnung und setzte sich etwas betrunken zu uns in die Küche. Aus irgendeinem Grund war er frustriert und „auf Krawall gebürstet", wie man so sagt, und fing ein Streitgespräch an. Eine Mitbewohnerin, die nichts Gutes ahnte – Frauen nehmen manche Gefahrensituationen besser wahr als wir Männer –, lief hinunter zur Kneipe und rief dort jemanden zu Hilfe, der dann auch mit ihr zu uns in die Wohnung hochkam. Er war eine imposante Erscheinung, ein Hüne mit Goldkette und Ringen an den Fingern, lange blonde und gepflegte Haare hinten zusammengebunden, der schon durch sein Auftreten und eine tiefe kräftige Stimme Eindruck machte. Aber statt unseren ungebetenen Gast einfach am Schlafittchen zu packen und mit Gewalt aus unserer Wohnung zu werfen, setzte er sich zu uns allen an den Tisch, fing eine harmlose Unterhaltung an und meinte schließlich zu unserem aggressiven Besucher, er wolle doch hier nicht öffentlichen Unsinn machen, und es sei doch besser, wenn er uns jetzt langsam mal in Ruhe lassen würde. Daraufhin erhob sich unser Gast widerstandslos und trottete davon. Wir waren alle sehr erleichtert und dankten unserem Retter, der unser Problem so elegant gelöst hatte. Später erfuhr ich übrigens, dass er Jura studiert und mit Auszeichnung bestanden hatte als Bester seines Jahrgangs.

K: Inwiefern war das jetzt Macht und keine Gewalt?

H-P: Unser Retter machte unserem Besuch klar, dass er allein gegen mehrere stand. Der Ausdruck „öffentlicher Unsinn" macht ihm klar, dass die „Öffentlichkeit" gegen ihn wäre, wenn er jetzt irgendwelchen Unsinn machen würde. Eine Mehrheit, die zusammenhält, hat gegen eine Minderheit immer mehr Macht. Nur Gewalt kann da helfen, etwas durchzusetzen. Andererseits hatte unser Gast Aufmerksamkeit, Zuwendung und Wertschätzung erfahren, wir haben ihn nicht abgelehnt, sondern uns nett, aber auch bestimmt mit ihm unterhalten, sodass er etwas bekommen hatte. Hätte er jetzt Randale gemacht, hätte er alles verloren, was wir ihm bis dahin gegeben hatten. So hat schließlich bei ihm die Vernunft gesiegt, und wir mussten nicht befürchten, dass er Hass auf uns hatte und sich womöglich irgendwann einmal an uns rächen würde.

K: Dann habt ihr ja richtig Glück gehabt, so einen vorbildlichen Helfer gefunden zu haben.

10.   Helfen, unterstützen, fördern

H-P: Genau, und damit sind wir schon bei einem weiteren Thema, nämlich inwieweit Helfen eine Tätigkeit der Liebe ist.

K: Ist es das nicht immer? Ich denke nur an das Gleichnis vom barmherzigen Samariter.

H-P: Nein. Wenn ein Partner seiner Frau, die schon über 300 kg wiegt, weiterhin hilft, so viel zu essen, dass sie noch mehr zunimmt und womöglich noch daran stirbt, dann ist diese Hilfe keine Tätigkeit der Liebe. Sie vermehrt ja das Leid dieser Frau, statt es zu vermindern. Ähnlich verhält es sich mit dem Drogendealer, der Drogenabhängigen hilft, weiter ihre Drogen zu konsumieren. Auch die Mutter einer Patientin, die ihrer Tochter ständig die Wohnung putzt und aufräumt, die Wäsche wäscht und ihr den Kühlschrank füllt, hilft ihr nur, in Unselbständigkeit und Abhängigkeit von der Mutter zu bleiben.

K: Okay, das sind schon eindrucksvolle Beispiele, wie Hilfe, die andere in einer Abhängigkeit hält, nichts mit Liebe zu tun hat. Diese Helfer scheinen auch wirklich kein Verständnis für diejenigen zu haben, die sie im Negativen unterstützen.

H-P: Sie sollten sie lieber in ihrer Entwicklung fördern.

K: Du meinst bestimmt in der Entwicklung ihrer Liebesfähigkeit.

H-P: Das wäre sicherlich das Beste. Allerdings erscheint manches als schlecht, was die Entwicklung unserer Liebesfähigkeit fördern kann. Alles Zerstörerische z.B. erscheint uns meist schlecht, obwohl es Platz für Neues und oft Besseres schafft. In der indischen Mythologie vertritt der Gott Schiwa dieses Prinzip und in Goethes Faust die Gestalt des Mephisto, wenn er sagt, er sei „ein Teil von jener Kraft, die stets das Böse will und stets das Gute schafft."

K: Worauf kann und sollte ich denn beim Helfen etwa achten?

H-P: Z.B. darauf, ob es der betreffenden Person zuzumuten ist, sich selbst zu helfen. Wenn ja, dann solltest du ihr besser nicht helfen, sondern sie vielleicht mit der persischen Spruchweisheit ermutigen: „Suchst du eine helfende Hand, so findest du sie am Ende deines Armes."

K: Der Spruch ist cool. Den muss ich mir merken.

H-P: Bevor du mich fragst, will ich dir gleich ein Beispiel geben.

K: Oh, du hast schon was gelernt von mir.

H-P: Ja, danke, dass du mir dazu verholfen hast.

K: Bitte schön.

H-P: Innerhalb der Familie helfe ich manchmal aus, wenn jemand in der Schule Schwierigkeiten in Mathematik hat. Ich bin ja auch Diplommathematiker. Ich rechne dann z.B. mit der Enkelin meiner Frau die Hausaufgaben durch. Am Anfang, wenn sie sich noch vollkommen überfordert fühlt, ergreife ich die Initiative, und rechne die erste Aufgabe vor, wobei ich jeden Gedanken dazu laut und möglichst detailliert ausspreche, beispielsweise: „Ah ja, das ist jetzt Prozentrechnung, was ihr in der Klasse durchnehmt, und bei dieser Aufgabe sind 60 kg 100 % und gefragt ist, wieviel Prozent 10 kg sind. Das ist doch Dreisatz-Rechnung. Weißt du noch, wie das geht? Ja? Also, 60 kg sind 100 %, 1 kg ist 100 % geteilt durch 60. Ach so, schreib doch gleich mit: 60 kg, Pfeil nach rechts, dann 100 %, und nächste Zeile, 1 kg, Pfeil nach rechts 100 %, Bruchstrich und 60 in den Nenner, und dann neue Zeile: 10 kg, Pfeil nach rechts, und jetzt?" Dann weiß sie meist schon die Lösung. Wir lösen dann eine ganze Reihe ähnlicher Aufgaben, und ich nehme mich immer mehr zurück, tue vielleicht so, als wüsste ich einen Moment lang nicht weiter, sodass sie automatisch weitermacht. Die Hausaufgaben gehen so immer schneller, die Zeit vergeht im Flug, und alles war auf einmal gar nicht mehr so schlimm wie befürchtet. Zwischendurch machen wir vielleicht auch witzige Bemerkungen, etwa, wenn sie auch die Rückseite eines Papierblattes benutzt: „Schon wieder einen Baum im Regenwald gerettet."

K: Das hört sich ja ganz locker an, und wenn die Hausaufgaben erledigt sind, hat sie etwas gelernt und vielleicht auch etwas Spaß dabei gehabt.

H-P: Pestalozzi, der Schweizer Reformpädagoge des 19. Jahrhunderts, meinte, eine Unterrichtsstunde, in der nicht wenigstens einmal gelacht wurde, sei keine gute Stunde gewesen.

K: Wenn du auf diese Weise Nachhilfe erteilst, ist das eine gute Art des Helfens, nämlich „mit Kopf, Herz und Hand". Das ist auch von Pestalozzi.

H-P: Allerdings gilt beim Helfen, wenn es auch deine eigene Liebesfähigkeit fördern soll, dasselbe wie beim „Gutes tun". Mit Helfen kannst du Gutes tun, aber Helfen kann nie vollkommen gut sein, genauso wie Menschen Gutes tun können, aber kein Mensch vollkommen gut sein kann.

11. Erkennen und Zeigen von Liebe

K: Bei aller Liebe, woran erkenne ich denn, dass mich jemand liebt, und wie kann ich anderen zeigen, dass ich sie liebe? Einfach nur sagen, „Ich liebe dich", reicht wohl kaum aus, das kann auch ein reines Lippenbekenntnis sein.

H-P: Du hast recht, das ist eine sehr wichtige Frage. Bei allen zwischenmenschlichen Beziehungen ist es ein wichtiger Teil der sogenannten Beziehungsarbeit und -gestaltung, was wir über den Zustand unserer Beziehungen wissen und wie wir das jeweils in Erfahrung bringen können, nämlich wie andere zu uns stehen und wir zu ihnen. Beides beeinflusst sich gegenseitig.

K: Genau, wenn ich der Meinung bin, dass meine Frau mich liebt, verhalte ich mich anders, wie wenn ich glaube, dass sie mich ablehnt. Und je nachdem, ob und wie ich ihr zeige, dass ich sie liebe, verändert sich ihr Verhalten mir gegenüber. Aber was für Handlungen der Liebe zeigen ihr oder mir, ob ich sie oder sie mich liebt?

H-P: Da Handlungen anderer, die sie mitbekommen, immer etwas sagen, kann man hier von verschiedenen Sprachen sprechen, Sprachen der Liebe, wie Gary Chapman es nannte, die jedem mehr oder weniger verständlich sind bzw. einen ansprechen, und die man jeweils selbst spricht oder nicht. Und noch etwas, was diese Sprachen der Liebe auch zur Fürsprache für die Liebe macht: Wenn z.B. meine Frau mir zeigt, dass sie mich liebt, und ich das auch verstehe, dann bin ich nicht nur zu ihr liebevoller, sondern auch zu anderen, beispielsweise zu meinen Patienten, und diese wieder zu anderen Menschen in ihrem Umfeld. So kann sich immer mehr Liebe verbreiten, und so spricht die Liebe für die Liebe. Das meinte ich mit Fürsprache für die Liebe.

K: Chapman unterscheidet meines Wissens fünf solcher Sprachen, und wie ich dich kenne, hast du diese den fünf Entwicklungsebenen von Kindern nach Fonagy zugeordnet, …

H-P: … die wiederum parallel gesehen werden können zu den fünf dianoetischen Tugenden von Aristoteles und den fünf Gegensätzen, die man nach der Darstellung von Nishida, dem Mitbe-

gründer der Kyoto-Schule in Japan, überwinden muss, um eine Antwort auf die Frage zu finden, wie man derselbe bleiben kann, obwohl man sich doch ständig ändert.

K: Hilfe, das ist mir zu viel, wenn du das jetzt alles noch erklären willst. Das kann ich in Ruhe nachlesen in deinem ersten Buch
„Dasein, um zu lieben". Mir genügt es vollkommen, wenn du bei
den Entwicklungsebenen von Fonagy bleibst und diese den fünf
Sprachen zuordnest. Vor allem wäre es zuerst einmal schön, wenn
du mir erklären würdest, welche fünf Sprachen der Liebe Chapman
denn meint und beschreibt.

H-P: Zum einen ist es die Sprache der körperlichen Zuwendung, Umarmen, Küssen, Streicheln usw., bei Paaren auch liebevolle Sexualität, und das entspricht der Entwicklungsebene des
physischen Selbst, wenn ein Kind seine Physis, seine Eigenwüchsig-
keit entdeckt. Auf dieser körperlichen Ebene kann Lust vermehrt
und Leid gelindert werden. Die zweite Sprache betrifft Lob und Anerkennung, wenn ich darauf achte, was ein anderer gut und schön
macht, und das auch zeige. Das entspricht dann der Ebene des sozialen Selbst, wenn ein Kind anfängt, Rücksicht zu nehmen und auf
andere achtet, was diese machen. Dadurch hält man sich selbst immer mehr dazu an, fair zu handeln. Wenn ich etwas kritisiere, muss
ich auch bereit sein, entsprechend anderes zu loben, sonst ist das
unfair. Die dritte Sprache drückt sich darin aus, dass ich wertvolle
Zeit mit dem anderen Menschen verbringe, während der es nur um
uns geht, um dich, mich und unsere Situation, um echte Intimität.
Die Bedeutung derartiger Handlungen beginnt ein Kind erst auf der
Ebene des teleologischen Selbst zu begreifen und zu verstehen,
wenn es für das Kind immer wichtiger wird, dass seine Mutter in
der Nähe bleibt und die Beziehung so stabil, die Intimität und das
Vertrauen so fest sind, dass es sich sicher und beschützt fühlt vor
den Gefahren, die es irgendwie spürt, ohne sie direkt zu kennen.
Die Struktur und Rangordnung innerhalb der verschiedenen Beziehungen wird auf diese Weise etabliert und Autoritäten werden als
solche anerkannt. Die vierte Sprache, das sind die kleinen Aufmerksamkeiten, wenn ich etwa kleine Geschenke mitbringe, die keinen

großen Aufwand erfordern, die aber zeigen, „Ich denke immer wieder an dich und mache gern etwas mit dir zusammen."

K: Ja, ja, kleine Geschenke beleben das Geschäft …

H-P: … und eine Beziehung. Auf der Ebene des intentionalen Selbst, was dieser Sprache der Liebe entspricht, geht es darum, etwas gemeinsam zu machen, sich gegenseitig zu helfen, weil man nicht alles allein erreichen kann. Man geht Bündnisse ein, ist zuverlässig und denkt immer wieder auch an die Versprechen, die man gegeben hat und halten will. Insofern hat das auch einen geschäftlichen Charakter, und Geschäftspartner sollten auch liebevoll miteinander umgehen.

K: Schön, dass du meine etwas zynische Bemerkung vorhin nicht übelgenommen hast.

H-P: Naja, auch in Liebesbeziehungen und unter Freunden müssen die Konten stimmen. Das hat auch Aristoteles in seiner Nikomachischen Ethik beschrieben, dass, wenn es bei Freunden ein Gefälle gibt, wenn der eine Freund seine Tugendhaftigkeit schon weiterentwickelt hat, dass dann der andere das irgendwie ausgleicht.

K: Stimmt. In Beziehungen muss es verbindlich zugehen, sonst brechen sie irgendwann auseinander. Man muss sich das zwar nicht haarklein immer vorrechnen und, wenn es dem einen einmal schlecht geht, auch einmal mehr für sie oder ihn da sein, aber auf die Dauer sollte es schon irgendeinen Ausgleich geben. Es ist wichtig zueinander loyal zu sein, den anderen nicht hängen zu lassen und nach Möglichkeit immer wieder nach einem Ausgleich suchen.

H-P: Richtig große Geschenke und materielle Zuwendungen, das ist dann die fünfte Sprache der Liebe, die versteht ein Kind erst, wenn es die Ebene des repräsentationalen Selbst erreicht hat. Dann kann es begreifen, was die entsprechende Zuwendung repräsentiert, was sie den Beteiligten in die Gegenwart, ins Präsens und ins Bewusstsein rückt. „Das also symbolisiert unsere Beziehung für dich, das ist sie dir wert, dass du dich so ins Zeug gelegt hast, so große Anstrengungen auf dich genommen, auf so viel verzichtet hast." Beziehungen können so immer mehr geklärt und damit rein-gehalten werden.

K: Jetzt hast du nicht nur die fünf Sprachen der Liebe erklärt und sie in Beziehung gesetzt zu den fünf Entwicklungsebenen bei Kindern, du hast auch noch die fünf Prinzipien der Leidminderung, der Fairness, der sinnvollen Rangordnung, der Loyalität und der Reinhaltung von Beziehungen hineingemengt, also Sprache, Entwicklung und Ethik in Relation gebracht.

H-P: Ja, weil alles so zusammenhängt und verknüpft ist.

K: Wie kann nun dieses Modell der fünf Sprachen der Liebe ganz praktisch genutzt werden? Gary Chapman hat das doch nicht einfach deswegen aufgestellt, um das Zusammenspiel zwischen Menschen lediglich zu beschreiben.

H-P: Es dient tatsächlich nicht nur der Beschreibung, sondern auch der Analyse und besseren Gestaltung von Beziehungen. Chapman hat festgestellt, dass Menschen in der Regel nur zwei bis drei dieser Sprachen sprechen und verstehen, und dass eine davon ihre Lieblingssprache ist, die so wichtig ist, dass ein Gegenüber sie unbedingt ab und zu bedienen sollte, damit er oder sie darauf vertrauen kann, dass sie oder er geliebt wird. Außerdem ist eine Beziehung umso stabiler, je größer die Anzahl der gemeinsam gesprochenen und verstandenen Sprachen der Liebe ist.

K: Dann kann jeder erst einmal sich selbst analysieren, welche Sprachen er oder sie versteht und spricht, und dann entsprechend ihr bzw. sein Gegenüber.

H-P: Und dann sollten beide lernen, immer mehr die Sprachen der anderen Person zu verstehen und zu sprechen. Das verbessert in der Regel jede Beziehung und löst Missverständnisse auf.

K: Gibt es denn Unterschiede zwischen Frauen und Männern, gibt es eine typisch männliche und eine typisch weibliche Lieblingssprache unter diesen fünf Sprachen der Liebe?

H-P: Wissenschaftliche Studien dazu gibt es meines Wissens nicht, ich vermute aber, dass die typisch männliche Sprache der Liebe die körperliche Zuwendung ist. Ich schließe das daraus, dass Männer laut dem Psychoanalytiker Michael Balint beim Orgasmus auf die primitivste Stufe der menschlichen Entwicklung der Objektbeziehungen regredieren, und das entspricht der Entwicklungsebene des physischen Selbst, dem als Sprache der Liebe die körperliche Zuwendung entspricht.

K: Viele Frauen beschweren sich ja auch darüber, dass Männer nur Sex wollen.

H-P: Das stimmt so nicht ganz, sie wollen vor allem körperliche Zuwendung. Diese Sensualität auf Sexualität zu reduzieren ist eines der vielen Missverständnisse und Vorurteile gegenüber Männern. Frauen verstehen manchmal nicht, dass Männer nach einem harten Arbeitstag erst einmal sich körperlich regenerieren wollen. Eine Frau kümmert sich dann liebevoll um ihn in der Annahme, es gehe ihm darum, wertvolle Zeit miteinander zu verbringen. Wenn es ihm dann wieder besser geht, erwacht in der körperlichen Nähe zu ihr seine Sexualität. Wenn sie dann enttäuscht meint, es gehe ihm doch immer nur um das Eine, liegt ein großes Missverständnis vor. Sie sprach die dritte, er dagegen verstand die erste Sprache der Liebe.

K: Apropos Missverständnis und nur das Eine, kennst du den? Zwei Freundinnen unterhalten sich. Sagt die eine: „Gestern hat mein Mann mir Blumen mitgebracht. Dafür musste ich dann die Beine breit machen." Fragt die andere: „Habt ihr denn keine Vase?"

H-P: Leider missverstehen manche Männer sich in dieser Hinsicht auch selbst. Sie lassen ihre Sinnlichkeit einschränken und glauben, sie müssten sexuell etwas leisten, um ganze Männer zu sein.

K: Und was glaubst du, ist die Lieblingssprache vieler Frauen?

H-P: Frauen mögen es gern, wenn ihr Partner sich für sie aufopfert und keine Mühe scheut, für sie da zu sein. Deswegen ist der Diamantring beim Heiratsantrag ein gutes Argument für eine Frau, dass sie Ja sagt. Es geht hier also um die fünfte Sprache der Liebe, die mit der höchsten Entwicklungsebene eines Kindes verknüpft ist.

K: Goethe hat also schon recht, wenn er den Chor im Himmel sagen lässt: „Das ewig Weibliche zieht uns hinan." Aber wie begründest du diese deine Vermutung?

H-P: Wenn ich es wie bei Männern auf den Orgasmus beziehe, so kann ich hier eine Studie von McClelland zitieren, in der der weibliche Orgasmus mit dem Tod assoziiert ist, als ob der Tod quasi der letzte Orgasmus ist. So wie Männer beim Orgasmus öfter zum Anfang des Lebens auf die primitivste Stufe der Objektbeziehungen gehen, so gehen Frauen teilweise vor zum Ende des Lebens und damit auf die höchste Stufe der Objektbeziehungen, die das Ende von allem akzeptiert und liebt. Diese Aufopferungsbereitschaft, die auch der traditionellen Rolle der Frau entspricht, ist die Sprache der Liebe, die Frauen nicht nur selbst sprechen, sondern auch am liebsten von einem Partner hören wollen. Dieser Anspruch oder Wunsch kann uns Männer, wie Goethe sagt, „hinanziehen".

K: Das hast du jetzt schön gesagt. Frauen werden dich dafür lieben, aber manche Männer auch dafür hassen, als ob du Frauen darin unterstützt, die Rolle einer Prinzessin zu spielen und Männer auszunehmen wie eine Weihnachtsgans, vor allem bei einer Scheidung.

H-P: Das ist natürlich ein ähnliches Vorurteil gegenüber Frauen wie, sie seien verwöhnte Prinzessinnen auf der Erbse und gefühlskalt. Frauen kontern dagegen, dass Männer sie am liebsten als unterwürfige Sex-Püppchen wollten, weil sie normalen und selbstbewussten Frauen nicht gewachsen seien. Dazu kann ich dir übrigens auch einen Witz erzählen. Ein altes Ehepaar unterhält sich über den bevorstehenden Tod. Sagt er: „Wenn du zuerst stirbst, lasse ich auf deinen Grabstein schreiben:»Elfriede, kalt wie immer.«" Erwidert sie: „Und bei dir lasse ich schreiben:»Heinz, endlich steif.«"

K: Der ist gut, den muss ich mir merken.

H-P: Weißt du übrigens, dass auch Hitler impotent war?

K: Wieso?

H-P: Ihm war keiner gewachsen.

K: Ich glaube, wir sollten das Gesprächsniveau wieder etwas heben.

H-P: Okay.

K: Kannst du zu diesem Zweck nicht etwas Gutes über die männliche Vorliebe gegenüber der ersten Sprache der Liebe vorbringen? Man könnte ja meinen, Frauen würden durch uns Männer nur hinuntergezogen.

H-P: Das stimmt so nicht. Frauen werden durch uns Männer ins wahre Leben hineingezogen, und in dem Spannungsfeld zwischen dem Anfang des Lebens, zu dem Männer tendieren, und dem Ende des Lebens, zu dem Frauen sich im Orgasmus hingezogen fühlen, kann neues Leben entstehen. Das kann dann in der frohen Weihnachtsbotschaft gipfeln: „Ein Kind ist euch geboren."

K: Wir Männer werden also doch noch gebraucht, auch wenn wir laut Bibel aus Matsch und Dreck entstanden sind, während Eva, die Frau, aus der göttlichen Idee geboren wurde, dass es nicht gut sei, dass Adam allein sei. Deshalb wurde sie ihm an die Seite gestellt. Das hebräische Wort für Rippe kann auch Seite heißen.

H-P: Ja, Matsch und Dreck gehören genauso zum Leben wie die großen Ideale des liebevollen Zusammenseins. Männer sind da manchmal realistischer und pragmatischer. In Notsituationen ist das sehr wichtig und kann Leben retten.

K: Jetzt sind wir ganz vom Thema abgekommen. Wir waren ja bei den Lieblingssprachen. Neben gewissen Trends, die nicht nur vom Geschlecht abhängen, sondern auch von Alter, sozialer Schicht und Kultur, gibt es auch große individuelle Unterschiede.

H-P: Genau. Für einen Mann mag die erste Sprache der Liebe, die körperliche Zuwendung, wichtig sein, seine Lieblingssprache aber kann im jungen Erwachsenenalter die zweite sein, also Lob und Anerkennung, und später in der zweiten Lebenshälfte die vierte, die kleinen Aufmerksamkeiten. Entsprechend ist vielleicht für eine Frau die fünfte Sprache stets von einer gewissen Bedeutung, aber bevor sie Mutter wird, ist die vierte Sprache der Liebe, die kleinen Aufmerksamkeiten, das, womit ein Mann ihr Herz erobern kann. Später als Mutter jedoch ist auf einmal die dritte Sprache die wichtigste, dass der Vater ihres Kindes möglichst viel wertvolle Zeit mit ihr verbringt, beispielsweise wenn ihr gemeinsames Kind sich gerade in der Obhut der Großeltern befindet.

K: Anhand dieser Beispiele kann man sehen, wie vielfältig Handlungen der Liebe sind, wie sehr man sie an Personen und Situationen anpassen muss, wie viele Fehler man dabei machen kann, und wie kompliziert zwischenmenschliche Beziehungen sind. Am besten wäre es sicherlich, wenn jeder alle fünf Sprachen der Liebe verstehen und sprechen könnte. Aber das ist vermutlich genauso utopisch wie das Erreichen der vollkommenen Liebe.

H-P: Ja, wie schon Konni Stauss, der ehemalige Chef der psychosomatischen Klinik in Grönenbach sagte, Beziehung ist das Schwierigste im Leben eines jeden Menschen, ...

K: ... und liebevoll zu handeln auch.

H-P: Stimmt.

12. Was bedeutet Liebe allgemein?

K: Jetzt haben wir so viel über Handlungen der Liebe ge- sprochen und diskutiert, aber noch gar nicht darüber, was Liebe all- gemein bedeutet.

H-P: Nun ja, indirekt haben wir das allein dadurch schon ge- klärt, dass wir Handlungen der Liebe beschrieben haben und wie dadurch zwischenmenschliche Beziehungen immer harmonischer gestaltet werden können. Wittgenstein meinte in dieser Hinsicht, die Bedeutung eines Begriffes oder eines Wortes sei sein Gebrauch, und wie wir den Begriff Liebe auch im Alltag gebrauchen, haben un- sere bisherigen Gespräche schon vielfach gezeigt.

K: Das ist zwar richtig, aber ich möchte das trotzdem noch tiefer ergründen, denn wir haben bestimmt noch nicht alle Hand- lungen der Liebe hier besprochen. Den Bedeutungsgehalt von Liebe umfassender zu begreifen, beispielsweise auch auf dem Hinter- grund unserer Kultur, kann diese Lücke vielleicht füllen.

H-P: Das freut mich jetzt, dass auch du ein Interesse an mehr Theorie hast.

K: Mir geht es nicht nur um die Theorie, sondern darum, wie ich daraus neue Umgangsweisen mit Problemen ableiten kann. Und eine Kultur beinhaltet viele sogenannte Kulturtechniken, wie alle zusammen ihr gemeinsames Leben gestalten können.

H-P: Der Begriff Kultur kommt ja ursprünglich vom Lateini- schen „agricultura", der Hege und Pflege des Ackerbodens, damit unsere Nahrungsgrundlage gesichert ist. In diesem Sinne ist Kultur die Pflege unseres Zusammenlebens, damit dieses so harmonisch und für jeden so zufriedenstellend wie möglich verläuft.

K: Gut, dann sind wir uns also dahingehend einig, dass mit einer weiteren Klärung der Bedeutung von Liebe, das Ziel verknüpft ist, noch mehr wichtige Handlungen der Liebe zu entdecken oder das, was Liebe verhindern kann.

H-P: Einverstanden. Wenn wir begreifen wollen, was in un- serer Kultur unter dem Begriff Liebe verstanden wird, um also dadurch zu einer besseren Umgangsweise mit uns selbst, sowie unter- und miteinander zu finden, müssen wir klären, welche impliziten Vorannahmen bei den verschiedenen Konzeptionen von Liebe vorherrschen und welche Widersprüche es bei diesen Vorannahmen gibt.

K: Widersprüche verwirren natürlich, und wenn wir sie überwinden können, erweitern wir die Möglichkeiten unseres Handelns.

H-P: Stimmt, denn gerade das Wort Liebe beeinflusst uns in unserem individuellen Denken, im gemeinschaftlichen Verhältnis zu anderen und in unserer spezifischen Wahl unseres Seinkönnens, welches von unseren Fähigkeiten und Fertigkeiten, unseren Positionen und Rollen innerhalb von Gemeinschaften und den Wechselwirkungen zwischen Fähigkeiten und Rollen abhängt.

K: Oh je, da hast du dich aber wieder sehr geschwollen-philosophisch ausgedrückt. Geht das nicht anders, kannst du nicht statt „Wahl unseres Seinkönnens" „Auswahl aus den Möglichkeiten, wie wir uns geben können" sagen? Außerdem, unser Sein ist etwas Absolutes, während unsere Fähigkeiten und Rollen relativ sind. Da vermischen die Philosophen Absolutes und Relatives, und das ist Aberglaube. Das meint jedenfalls Hans Küng.

H-P: Okay, da muss ich dir zähneknirschend recht geben. Dass du so scharf philosophisch denken kannst!

K: Tja.

H-P: Wenn wir durch die Klärung und eine möglichst weitgehende Beseitigung derartiger Widersprüche unserer Vorannahmen – ein Prozess, der niemals enden wird – immer mehr zu einer Konzeption von Liebe gelangen, die uns eine motivationale und geistig-ideale Grundlage bietet, derart mit anderen und uns selbst umzugehen, dass wir uns immer weniger täuschen und enttäuscht sind, dann ermöglichen wir immer mehr eine menschliche Welt und erfüllen so den Sinn unseres Daseins.

K: Okay, hast du dich jetzt genug philosophisch ausgetobt? Oder muss ich noch mehr ertragen?

H-P: Nein, entschuldige, ich versuche nur, die große Bedeutung der Liebe für unser Leben deutlich zu machen. Jetzt will ich eine andere Dimension beleuchten, nämlich die historische, die insofern auch praktisch ist, weil sie zeigt, wie Menschen in früheren Zeiten gehandelt haben.

K: Das klingt interessant. Für den praktischen Umgang anhand von Beispielen anderer und, was man daraus lernen kann, dafür bin ich immer zu haben.

H-P: Den größten Einfluss auf den Begriff Liebe, wie wir ihn verwenden, hat in unserer Kultur das Christentum, schriftlich fixiert zum ersten Mal in den Korintherbriefen von Paulus und später in den vier kanonischen Evangelien. Die nicht-kanonischen Evangelien spielen bei uns kaum eine Rolle. Dabei geht es um die Nächstenliebe wie beim Gleichnis vom barmherzigen Samariter, die genauso wie die Selbstliebe sein sollte und die im Unterschied zum Judentum jedem Menschen gilt, dem man begegnet, und die Gottesliebe, die der Nächstenliebe, wenn sie wie die Selbstliebe ist, gleichgestellt ist.

K: Was heißt hier Gottesliebe?

H-P: Gottesliebe bedeutet hier, möglichst alles zu geben, um ein gottgefälliges Leben zu führen, und gottgefällig bedeutet, den Nächsten und sich selbst gleichermaßen zu lieben. Insofern stehen Nächstenliebe, Selbstliebe und Gottesliebe in einem absolut dialektischen Verhältnis zueinander, d.h. zwei dieser Begriffe vermitteln den dritten und dieser zwischen den beiden anderen. Damit hat keiner dieser drei Begriffe einen Vorrang vor den anderen.

K: Das hast du vorhin schon einmal gesagt. Und fang jetzt bitte nicht mit den Daseinsmodalitäten der Gemeinschaftlichkeit, der Individualität und der spezifischen Handlungsweisen an. Du nennst das, meine ich, Genus, Individuum und Spezies.

H-P: Doch, ich halte das nicht nur für das theoretische Verständnis für wichtig, sondern auch für das praktische Handeln. Gerade die Gottesliebe drückt sich nicht so sehr in allzu frommen Gebeten aus, das grenzt an Frömmelei, sondern in Taten.

K: Okay, tu, was du nicht lassen kannst.

H-P: Die Nächstenliebe entspricht dem Daseinsmodus des Genus, die Selbstliebe dem des Individuums und die Gottesliebe dem der Spezies. Letzteres deswegen, weil wir im Modus der Spezies unsere Möglichkeiten des Seinkönnens benutzen können, um ein gottgefälliges Leben zu führen. Diese Möglichkeiten sind uns nach christlichem Glauben von Gott als seine Geschöpfe gegeben, und zwar nicht nur durch Fähigkeiten und Fertigkeiten, die wir entwickeln können, sondern auch durch situative Elemente, die uns durch die Schöpfung gegeben sind und die wir allein oder in Gemeinschaften gestalten können.

K: Ich muss dir ausnahmsweise recht geben. Was du unter Gottesliebe verstehst, hat weniger mit einem unmittelbaren Glauben an ein höheres Wesen zu tun, was allein ziemlich unpraktisch wäre, sondern mit dem Handeln und dem Gestalten von Beziehungen. Es ist die Liebe zur Güte, die unser Handeln gestaltet. Das einzige, was wir dabei glauben müssen, ist, dass Liebe und Güte den Sinn unseres Lebens erfüllen. – Aber zurück zur Geschichte.

H-P: Diese Konzeption der Liebe war in sich widerspruchsfrei, zumindest so, wie ich sie hier vielleicht etwas vereinfacht oder idealisiert dargestellt habe, sie geriet aber in einen zunehmenden Widerspruch mit der Stellung der Frau, die bei Paulus noch dem Mann gleichgestellt war, bis er bei den Korinthern unter Druck geriet und zugab, dass die Frau doch wenigstens ihr Haupt verhüllen solle, wenn sie in der Versammlung prophetisch spreche. Später wurde noch das „Die Frau schweige in der Kirche" hineingemogelt, was sicherlich nicht von Paulus stammte.

K: Da Frauen manchmal anders denken als Männer, ist es nur noch ein kleiner Schritt, Andersdenkende zu diskriminieren.

H-P: Die Abwertung der Frauen bedeutete auf einer tieferen Ebene die Ablehnung der Vielfalt der Zugänge zu Gott bzw. der verschiedenen Entwicklungen der Liebesfähigkeit, denn Frauen und Männer haben prinzipiell verschiedene Zugänge zum lebendigen Dasein, da Frauen z.B. Kinder bekommen können und Männer nicht. Nach dem Konzil von Nicäa 325 n. Chr. wurden Häretiker, also Menschen, die einen anderen Zugang zu Gott gefunden hatten, sogar getötet.

K: Du hast das einmal den Sündenfall des Christentums genannt und Häretiker-Morde mit dem Brudermord an Abel verglichen. Wie ist es dann historisch mit dem Christentum weitergegangen?

H-P: Ich will mich, was das betrifft, an die Einteilung der Entwicklung nach Paradigmen halten, wie sie von Hans Küng vorgenommen und von mir erweitert wurde, indem ich die Paradigmen mit den fünf Entwicklungsebenen der Selbstentwicklung nach Fonagy verknüpft habe. Der erste Widerspruch kam also mit dem Paradigmenwechsel vom urchristlich-apokalyptischen zum altkirchlich-hellenistischen Paradigma, indem die Gleichberechtigung unterschiedlicher Entwicklungen der Liebesfähigkeit – symptomatisch dafür die Gleichberechtigung der Frau – innerhalb der Versammlung aufgehoben wurde. Bei der frühkindlichen Entwicklung geht es nach dem Übergang von der Ebene des physischen Selbst zum sozialen Selbst um Fairness, und Liebe ohne Fairness ist auch in unserem Alltagsverständnis ein Widerspruch. Diese Widersprüchlichkeit bezüglich der Stellung von Mann und Frau und das Töten von Häretikern im Christentum war noch von außen hineingetragen worden, obwohl die mangelhafte Emanzipation der Frau und die Ausgrenzung Andersdenkender bis heute unser Dasein in der abendländischen Kultur prägt. Die Nächstenliebe wird dabei klar eingeschränkt auf die Gruppe der Rechtgläubigen. Die Art, wie man Gott lieben soll, wird hier ebenfalls reglementiert, und die Selbstliebe darf keine eigenen „falschen" Denkweisen tolerieren.

K: Wenn du von mangelhafter Emanzipation der Frau sprichst, dann musst du berücksichtigen, dass Frauen im Christentum wesentlich besser angesehen und gestellt waren und insbesondere in der Familie viel mehr anerkannt wurden als andere Frauen zur damaligen Zeit. Außerdem gab es aufgrund des enormen Zulaufs zum Christentum das Problem, dass es immer mehr Vermischungen mit allen möglichen geistigen und auch abergläubigen Strömungen gab, welche die Worte Jesu teilweise regelrecht verdrehten. Insofern war es schon nötig, sich von Irrlehren abzugrenzen und eine Ordnung einzuführen.

H-P: Eine Ordnung, die bestimmte Probleme in der Situation berücksichtigte und insofern das Prinzip der Gleichheit im Handeln bzw. der Fairness beachtete, aber das Prinzip der Leidminderung oft genug verletzte.

K: Und einen Ketzer zum rechten Glauben zu zwingen und sofort danach umzubringen, damit sein Seelenheil gerettet ist, ist wieder eine Vermengung von Relativem, dem irdischen Leben, und Absolutem, dem „ewigen Leben", und somit abergläubisch. – Wie ging es nun weiter?

H-P: Die nächste Widersprüchlichkeit, wenn ich chronologisch vorgehe, kam vom Kirchenvater Augustinus, der von 354 bis 430 n. Chr. lebte, und der laut Küng als Vater des nächsten, nämlich des römisch-katholischen Paradigmas gilt. Bei der Selbstentwicklung entspricht dies der Ebene des teleologischen Selbst, wenn ein Kind Aktivitätsreihen aufbaut, bei denen das Ergebnis der einen Aktivität Voraussetzung für die nächste ist. Hier brauchen Kinder Schutz, denn sie können noch nicht ausreichend abschätzen, in welche Gefahren sie sich dabei begeben. Entsprechend predigte auch Augustin, dass die Welt gefährlich sei und man am besten nur auf Gott als Schutz vertrauen solle. Augustin geht aber noch einen Schritt weiter: er verteufelt die Welt als böse und will den einzelnen zwingen, sich Gott anzuvertrauen und seine eigenen Regungen zu unterdrücken. Exemplarisch dafür ist seine Interpretation des Gleichnisses vom Festmahl in Lukas, 14, 15 – 24, nach dem die Menschen „auf Gassen und an Zäunen" nicht eingesammelt, sondern gezwungen wurden, am Festmahl teilzunehmen. Das verwendete lateinische Wort cogere kann mit sammeln, versammeln, aber auch mit zusammentreiben, zwingen übersetzt werden.

K: Jemanden zum Guten zwingen – das kann doch nicht gut gehen. Das ist eine Kraft, die Gutes will und Böses schafft.

H-P: Eigene Initiativen in der Welt sollten unterlassen werden, man sollte nur das von Gott Gegebene benutzen, um zu ihm zurückzukehren, eine Entwicklung eigener Fähigkeiten und Fertigkeiten oder ein Gestalten der Situation in der Welt hält Augustin für zu gefährlich, man könnte dabei den Versuchungen der Welt erliegen. Mit der Weltlosigkeit geht so auch eine Selbstverleugnung einher und damit auch eine Verleugnung des Einzelnen. Der andere wird nicht mehr in seiner Individualität gesehen, sondern nur als Geschöpf oder Werkzeug Gottes.

K: Aus heutiger Sicht hört sich das ja schrecklich an.

H-P: Auf diese Weise konnte Augustin genial den sogenannten Donatistenstreit beilegen.

K: Um was ging es denn dabei?

H-P: Inhaltlich ging es darum, ob die Gültigkeit von gespendeter Taufe oder Priesterordination von der Würde des Spenders abhing, konkret, ob ein von einem Häretiker gespendetes Sakrament wiederholt werden müsse oder nicht. Die Wirkung eines gespendeten Sakramentes konnte nach Meinung der Donatisten plötzlich abbrechen, wenn der Spender sich in einen Häretiker verwandelte. Für Augustin dagegen zählte der Einzelne nichts, sondern nur das von Gott ihm gegebene Amt, und als ein derartiges Werkzeug konnte sogar ein Häretiker für Gott nützlich sein. Jeder Mensch werde ausschließlich von Gott betrachtet, der schon von vorneherein wisse, wer auserwählt sei und gerettet werde und wer nicht.

K: Da vermischt doch auch Augustin Absolutes, nämlich Gottes Wissen, mit Relativem, nämlich mit der menschlichen Entwicklung, bzw. er leugnet das Relative und verabsolutiert den Menschen, der schon von Anfang an auserwählt ist oder nicht. Das ist genauso abergläubisch wie der Umgang mit Ketzern und Andersgläubigen und schafft Angst und Unsicherheit.

H-P: Ja, Gott wird zum Tyrannen, der willkürlich herrscht und die einen erlöst, die anderen aber verdammt. Mit Liebe hat das nichts mehr zu tun, Liebe ist nach unserem Alltagsverständnis ohne Zwang und Willkür. Und es ist nicht das Ermorden von Menschen mit anderen politischen Meinungen oder einer anderen Religion. Ich denke da an Nord-Irland. So wirkt auch die augustinische Haltung, andere an der Selbstentfaltung und der Selbstliebe zu hindern und zum angeblich Guten zu zwingen, in unserer Kultur bis heute noch weiter, z.B. wenn wir Kriege führen wie den zweiten Irakkrieg, der wesentlich mehr Leid als etwas Positives gebracht hat.

K: Das hat aufgrund der Verleugnung des Einzelnen in seiner Individualität etwas Kollektivistisches an sich wie beim Kommunismus oder Sozialismus. Du bist nichts, der Mensch und seine Erlösung oder Verwirklichung ist alles. Das ist ja totalitär. Niemand darf sich dem entgegenstellen, das hat höchste Priorität. Hier wird das Prinzip der Hierarchie und Rangordnung zu stark betont und die Prinzipien der Leidminderung und der Fairness, was jeweils auch den Einzelnen betont, zu sehr vernachlässigt.

H-P: Kollektivistisch ist ja auch das Motto: jeder soll sich nach seinen Kräften und Fähigkeiten anstrengen, das Ziel zu erreichen, sei es das Reich Gottes oder das Ideal des Kommunismus, und jedem soll nach seinen Bedürfnissen gegeben werden. Insofern waren Marx, Engels und Lenin sehr „augustinisch".

K: Das ist jetzt aber sehr gewagt. Andererseits gab es sowohl im „realen" Sozialismus, als auch in der katholischen Kirche des Mittelalters das Phänomen, dass manche ihre Kräfte und Fähigkeiten nicht in den Dienst der Allgemeinheit stellten, weil es keinen Anreiz, keine Vorteile dafür gab, sondern danach strebten, in der Hierarchie durch alle möglichen Intrigen so weit wie möglich nach oben zu kommen. Dies zeigt noch einmal die Überbetonung des Prinzips der Rangordnung und aufgrund der vielen Intrigen die Verletzung des Prinzips der Fairness. – Jetzt bin ich mal gespannt, wie es weiter geht.

H-P: Die nächste Wendung kam im 13. Jahrhundert mit Thomas von Aquin (1225 – 1274 n. Chr.), der eine Synthese mit der Philosophie von Aristoteles anstrebte. Bei Aristoteles soll ja der Einzelne immer tugendhafter werden, sodass mit dem Daseinsmodus des Individuums, den Augustin als zu gefährlich ablehnte, auch die Welt wieder zugänglicher wurde. Mit dem aufkommenden Mystizismus wurden bestimmte Glücksmomente auch im Diesseits möglich und vom Sündhaften befreit. Bei dem durch Thomas von Aquin vorbereiteten Übergang zum protestantisch-evangellschen Paradigma, dem bei der kindlichen Entwicklung der Übergang zur Ebene des intentionalen Selbst entspricht, kommt es zur Rückbesinnung auf die ursprünglichen Ziele des Christentums. Insbesondere geht es um die persönliche Beziehung zu Gott, die z.B. durch den Ablass verhindert und durch die Bibelübersetzung von Luther ermöglicht wurde. Die Gottesliebe bekommt wieder persönliche Züge, man soll seine Fähigkeiten und Fertigkeiten entwickeln und die Welt aktiv gestalten, statt sich Mächten wie dem Papst oder dem Kaiser, also weltlicher und geistlicher Macht zu überlassen, die das Vakuum gefüllt hatten, das ihnen die Theologie von Augustin mit der Welt- und Selbstentfremdung geschaffen hatte.

K: Im ursprünglichen Protestantismus allerdings wurde die Individualität und die Selbstliebe übertrieben, indem man weltlichen Erfolg des Einzelnen als Zeichen dafür sah, dass die betreffende Person von Gott geliebt wurde, also Selbstliebe mit Gottesliebe gleichgesetzt wurde.

H-P: Und das ist schon wieder eine abergläubische Vermischung von Relativem mit Absolutem. Dadurch geriet nun die Nächstenliebe immer mehr in den Hintergrund, der Bedürftige war selbst schuld, er wurde von Gott wohl nicht geliebt, was seine Armut allen zeigte. Also war er sündig und musste seine Strafe verbüßen. Man wollte ja Gott nicht ins Handwerk pfuschen. Damit war eine neue Variante der Lieblosigkeit entstanden, die Unbarmherzigkeit bzw. ein Mangel an Nächstenliebe. Im Protestantismus galt die Devise: „Jedem nach seinen Leistungen", d.h. aus der Vermischung von Selbst- und Gottesliebe wurde: „Wer viel leistet aus Gottesliebe, um gottgefällig zu leben, darf sich als Akt der Selbstliebe viel herausnehmen", was dem Kapitalismus Vorschub leistete. Im römisch-katholischen Paradigma à la Augustin hieß es: „Jeder nach seinen Fähigkeiten aus Gottesliebe, jedem nach seinen Bedürfnissen aus Nächstenliebe", was die Menschen gleich machte, vor Gott waren sie ja gleich, aber ein Machtvakuum schuf, was von einer politischen Elite, Papst und Kardinälen, sowie Kaiser und Adel, ausgefüllt wurde. Hierin ein Parallele zum Sozialismus sowjetischer Prägung zu sehen, liegt nahe. Dort wurde die Gottesliebe durch die Liebe zum Marxismus ersetzt. Für diese Ideologie sollte man auch möglichst alles geben.

K: Naja, das hatten wir doch schon mal. Es fehlt nur noch, dass du die sowjetische Regierung mit Kaiser und Adel vergleichst, und die Partei mit der katholischen Kirche.

H-P: Wenn du in der Entmachtung der kommunistischen Partei eine Parallele zur Entmachtung der katholischen Kirche nach dem dreißigjährigen Krieg sehen willst ... Jedenfalls wurden die Rangordnungen und Hierarchien, wie sie bis dahin bestanden hatten, gewaltig erschüttert, das Prinzip der Rangordnung wurde immer mehr in den Hintergrund gedrängt. Stattdessen bemühte man sich um Glaubenstreue, griff zurück auf die Evangelien – daher der Name Evangelische Kirche – und wollte die Nachfolge Jesu wieder ernst nehmen. Dazu musste man sich gegen die herrschende katholische Kirche zusammenschließen, um nicht als Ketzer hingerichtet zu werden, d.h. das Prinzip der Loyalität bekam oberste Priorität.

K: So langsam fange ich an, hier ein Muster zu entdecken. Nach und nach wird ein Prinzip nach dem anderen betont oder sogar überbetont und die vorangegangenen immer mehr vernachlässigt. Das steuert ja auf eine Katastrophe zu, wenn irgendwann auf einmal gar keine Prinzipien gelten sollten. Am besten wäre es doch, wenn sie alle gleichermaßen gelten würden, und Probleme gemeinschaftlich ohne gewaltsame Alleingänge angegangen würden. Am schlimmsten ist es, glaube ich, wenn perfekte Lösungen angestrebt werden. Das gibt es genauso wenig wie den Stein der Weisen. Wer die Weisheit liebt wie Sokrates, der weiß, dass kein Mensch weise sein kann. – Wie geht nun unsere Geschichte weiter, damit ich endlich so viel wie möglich darüber weiß, wie es nicht geht. Oder bin ich da zu pessimistisch?

H-P: Nachdem nun zuerst die Selbstliebe und dann die Nächstenliebe immer weniger beachtet wurde, kam mit der Säkularisierung durch die Aufklärung nun die Gottesliebe an die Reihe, in Zweifel gezogen zu werden, z.B. durch die Theodizee, als man von Gott eine Rechtfertigung verlangte, warum so viel Böses in der Welt geschieht. Die drei Leitwerte der modernen säkularisierten Welt waren Vernunft, Fortschritt und Nationalismus. Die Vernunft appellierte an den Einzelnen, sich selbst zu lieben und daher seine Vernunft zu entwickeln und zu nutzen: „Sapere aude! Habe Mut, dich deines eigenen Verstandes zu bedienen!", der Nationalismus appellierte an die nationale Gemeinschaftlichkeit und unterstützte so die Nächstenliebe, allerdings eingeschränkt auf die eigene Nation, und der Fortschrittsglaube ersetzte die Gottesliebe, dass wir uns nach und nach hier auf Erden ein Paradies erschaffen könnten.

K: Das ist doch utopisch. Da kann man doch höchstens mit Konfuzius sagen: Der Weg ist das Ziel. Nur so ist das annehmbar.

H-P: Außerdem war der Fortschrittsglaube auch sehr fragil: während es beim Gottesglauben tatsächlich möglich schien, dass vor Gott alle Menschen gleich seien, da man vom Jenseits nichts wissen konnte, kam es beim Fortschrittsglauben, für den es kein Jenseits, keinen weiteren Sinn als den Fortschritt selbst und damit auch keine richtige Ethik gab, schnell zu großen Unterschieden zwischen den Menschen. Einige wenige machten sehr große Fortschritte, andere kaum und manche sogar Rückschritte. Das sorgte für Unruhe, und wenn eine wachsende Gruppe einer Nation sich benachteiligt fühlte, konnten Hass, Populismus und Demagogie sich breit machen und aufgrund mangelnder stabiler Ethik, die mit dem Gottesglauben verschwunden war, zu Faschismus und Nationalsozialismus führen.

K: Siehst du, das habe ich vorhin schon befürchtet, dass solche Katastrophen kommen. Und das Christentum hat dabei keine berühmte Rolle gespielt. Hat sich da überhaupt etwas gerührt?

H-P: Die christliche Theologie, sowohl die römisch-katholische als auch die protestantisch-evangelische, war durch diese Entwicklung von außen her aufgefordert, zum modernen Paradigma überzugehen, wie Hans Küng es nennt. In der kindlichen Entwicklung entspricht dies der Ebene des repräsentationalen Selbst, wenn Kinder anfangen, sich selbst zu hinterfragen, ob ihre Auffassungen richtig sind. Eine neue Auffassung von Religion und Liebe war auch dringend nötig angesichts zunehmender Religionskritik z.B. von Feuerbach und Marx und globaler Krisen in der Welt, hervorgerufen durch die kapitalistische Fortschrittsideologie und den Imperialismus um die Wende vom 19. zum 20. Jahrhundert.

K: Gibt es da Namen oder Protagonisten, die diesen Paradigmenwechsel initiiert haben?

H-P: Dieser Wechsel, meint Küng, finde in Friedrich Schleiermacher geradezu körperliche Gestalt. Wenn Schleiermacher Religion als andächtiges Erleben von allem Seienden und Geschehenden in „unmittelbarem Anschauen und Fühlen" sieht, dann erinnert mich dies sehr an meine Umschreibung vollkommener Liebe als das „unmittelbare und echte Verstehen" von allem Lebendigen in seiner Ergriffenheit bzw. in seinem Worumwillen, wie ich es in „Dasein, um zu lieben" beschrieben habe.

K: Jetzt machst du schon wieder Eigenwerbung. Das gibt einen Punktabzug. Nein! Mach ruhig weiter, und lass dich nicht von mir ablenken!

H-P: Was Küng des Weiteren über den Begriff der Religion bei Schleiermacher ausführt, finde ich ebenfalls in meinen Ausführungen: Das Innewerden des Unendlichen im Endlichen entspricht dem, dass das menschliche Dasein eine Projektion Gottes bzw. des absoluten Nichts in die Endlichkeit ist, und dass der Weg zur vollkommenen Liebe sowohl die absolute Negation, als auch die absolute Bejahung, als auch die absolute Bedeutungslosigkeit des Daseins beinhaltet. Bei Schleiermacher ist Religion unabhängig von Metaphysik und Moral, die vollkommene Liebe und der Weg dorthin sind geradezu antimetaphysisch, und je nach Entwicklungsstand kann immer etwas anderes moralisch gut sein in dem Sinne, dass es die Entwicklung unserer Liebesfähigkeit fördert.

K: Kenne ich. Das brauchst du jetzt nicht zu begründen. War kompliziert genug, das in deinem ersten Buch zu kapieren.

H-P: Sowohl Schleiermachers theologischer Ansatz als auch meine Daseinsanalyse gehen vom menschlichen Dasein aus und rechtfertigen religiöses Streben vom Menschlichen her wie Schleiermacher bzw. zeigen auf wie ich, dass es sinnvoll und im menschlichen Dasein als ganzheitliche Erfüllungsgestalt begründet ist, sich auf den Weg zur vollkommenen Liebe zu machen, d.h. seine Liebesfähigkeit immer weiter zu vervollkommnen.

K: Und die Katholiken, haben die nichts gemacht?

H-P: Laut Küng entwickelten katholische Theologen etwas Ähnliches in der sogenannten Fundamentaltheologie, die ebenfalls nicht „von oben" mit Dogmen, sondern „von unten", vom Menschlichen her die Theologie begründen.

K: Aha!

H-P: Genauso wie Schleiermacher die Vorstellung einer „natürlichen Religion" ablehnt, die sich wie von selbst in jedem einzelnen entwickelt, so habe auch ich ausgeführt, dass der Weg zur vollkommenen Liebe vermittelt werden muss. Das menschliche Dasein insgesamt und seine Liebesfähigkeit im Besonderen kann sich nur in einer Gemeinschaft entwickeln. Daher sind die einzelnen Religionen zu betrachten und zu analysieren, in welcher Hinsicht sie positiv zur Entwicklung der Liebesfähigkeit beitragen bzw. bei welchen Gegensätzen im Umgang mit der Materie sie bei deren Überwindung helfen. Derartige Gegensätze schaffen nämlich Leid. Die vollkommene Liebe wäre erst erreicht bei der vollkommenen Überwindung all solcher Gegensätzlichkeiten. Insofern gibt es keine optimale Religion, sondern je nach Entwicklungsstand ist die eine oder andere gerade die beste.

K: So begründest du also die Religionsfreiheit. Die verschiedenen Religionsgemeinschaften sollten also tolerant miteinander umgehen und so die Beziehungen zueinander nicht verderben. Hier ist also das Prinzip der Reinhaltung von Beziehungen in den Vordergrund gestellt.

H-P: Allein aus diesem Grund sollte keine Religion verurteilt werden, die bestimmten Menschen geholfen hat, die eigene Liebesfähigkeit zu verbessern. Andererseits sollte jeder sich frei fühlen zu wechseln, wenn er sich in seiner bisherigen Religion nicht mehr weiterentwickeln kann. Toleranz und Religionsfreiheit sind daher unabdingbar, sowie ein Dialog zwischen den Religionen, damit jeder sich ein Bild machen kann, um für sich gegebenenfalls eine bessere Unterstützung und Vermittlung der vollkommenen Liebe finden zu können.

K: Wenn da jemand einfach so wechselt, fühlen sich dann die anderen nicht vielleicht vor den Kopf gestoßen? Empfinden sie die betreffende Person nicht als unzuverlässig, sodass für sie das Prinzip der Loyalität verletzt ist? Haben wir dann nicht wieder dasselbe Muster, dass ein von der Entwicklung höheres ethisches Prinzip überbetont wird und alle anderen vernachlässigt werden? Irgendwann gilt dann eine Ideologie wie die kommunistische oder die nationalsozialistische als Heilsbringer, und es entsteht entsetzliches Leid. Sind dann die schrecklichen Folgen irgendwann unter schlimmen Verlusten wieder beseitigt, dann gilt auf einmal wieder nur das Prinzip der Leidminderung, und das Ganze fängt von vorne an. Das wäre die ewige Wiederholung, die Nietzsche schon prophezeit hat. Also, wie kann man das verhindern?

H-P: Da bei einem solchen Religionswechsel das Kriterium dafür immer die Weiterentwicklung der Liebesfähigkeit sein sollte, sollte ein Wechsel nie rein individuell und willkürlich vollzogen werden, jeder Wechsel sollte immer das unmittelbare und echte Verstehen des Worumwillens von allen Beteiligten und Betroffenen so gut und weitgehend wie möglich mitberücksichtigen. Ein Wechsel mag zwar subjektiv bestimmt sein, ist aber trotzdem objektiv begründet, d.h. man geht vom Subjekt aus, allerdings ohne die Gemeinschaft zu vergessen, bleibt also in diesem Sinne objektiv, ohne Subjektivierung und Anthropologisierung.

K: Oh je, das ist mal wieder so schrecklich theoretisch. Ich übersetze das mal für mich: Wenn jemand zu einer anderen Religion wechseln will, dann sollte er mit seinen bisherigen Glaubensgenossen reden, ihnen seinen Schritt erklären, dass das nicht gegen irgendjemanden gerichtet ist, sondern wichtig für einen selbst ist. Und je mehr die anderen das verstehen, desto weniger fühlen sie sich verletzt oder im Stich gelassen, und können immer noch eine harmonische Beziehung zu ihm oder ihr behalten. Mit den Mitgliedern der neuen Religion muss die betreffende Person ja auch reden. Niemand wird in der Regel einfach so in eine seriöse Religionsgemeinschaft aufgenommen. Wie beurteilst du denn heute das Christentum nach diesem kurzen historischen Abriss?

H-P: In einigen Teilen des Christentums sind salopp gesagt die drei Liebesbegriffe Nächstenliebe, Selbstliebe und Gottesliebe einigermaßen gleichgestellt, aber Augustin und der ursprüngliche Protestantismus entfalten immer noch Wirkung, genauso wie außerhalb des Christentums der unreflektierte Fortschrittsglaube, der heute im sogenannten Neodarwinismus einen Ausdruck gefunden hat. Bei meinem Liebesbegriff, den ich oben parallel zu Schleiermacher kurz angerissen habe, entspricht die Nächstenliebe der kommunikativen Solidarität, die Selbstliebe dem eigenen Mitgefühl und Selbstverstehen und der Gottesliebe Engagement im Handeln aus Liebe und ohne Zwang. Dass es in unserem Dasein als Sinn bezeugt ist, dass wir immer vollkommener lieben bzw. immer echter und unmittelbarer verstehen, wozu und worum willen wir da sind, konnte ich mithilfe der frühkindlichen Entwicklung aufzeigen, was jeder in „Dasein, um zu lieben" nachlesen kann. Daraus folgt insbesondere, dass die wichtige materielle Verankerung für jede Weiterentwicklung unserer Liebesfähigkeit die generelle und die persönliche Leidminderung ist. Daran muss sich alles messen lassen, d.h. Liebe, die kein Leid mindert, ist keine Liebe.

K: Das hört sich nach einer kernigen Definition an, die nicht zu kompliziert ist, und die man sich merken kann.

H-P: Ich denke, dass ich hiermit eine Konzeption von Liebe gefunden habe, die uns eine motivationale und geistig-ideale Grundlage bietet, derart mit anderen und uns selbst umzugehen, dass wir uns immer weniger täuschen und enttäuscht sind und so immer mehr eine menschliche Welt ermöglichen und den Sinn unseres Daseins erfüllen.

K: Amen.

H-P: Sei nicht so zynisch. Ich habe auch meine verletzlichen Stellen. Lob und Anerkennung ist für mich eine wichtige Sprache der Liebe, und dazu stehe ich. Ich würde mir wünschen, dass du mich für meine guten Gedanken auch etwas lobst und das Gute daran anerkennst.

K: Ich beziehe mich nur auf deinen klerikalen Stil. Deine Gedanken an sich finde ich ganz toll, und auch gar nicht so unpraktisch. Man muss nur die Formulierung alltagstauglicher gestalten, damit andere einen besseren Zugang finden und diese Gedanken in Handlungen der Liebe umsetzen. Gibt es denn irgendetwas, was du praktisch, kurz und bündig sagen kannst, damit andere und auch ich liebevoller handeln?

H-P: Okay. Nimm immer wieder eine wertschätzende Haltung gegenüber anderen ein, habe eine verbindliche Einstellung in deinen Beziehungen zu anderen und verbreite eine versöhnliche Stimmung, wenn du mit anderen zusammen bist. Und mache das alles auf eine Art, die andere dazu einlädt, dasselbe zu tun.

K: Wow, jetzt bin ich platt und sage nichts mehr.

Verwendete Literatur

Arendt, H. (2017). *Denken ohne Geländer. Texte und Briefe.* München: Piper Verlag GmbH.

Arendt, H. (1967). *Vita activa oder Vom tätigen Leben.* München: Piper Verlag GmbH.

Arendt, H. (1986). *Elemente und Ursprünge totaler Herrschaft. Antisemitismus, Imperialismus, totale Herrschaft.* München/Berlin: Piper Verlag GmbH.

Arendt, H. (1998). *Vom Leben des Geistes. Das Denken. Das Wollen.* München Berlin Zürich: Piper Verlag GmbH.

Arendt, H. (2012). *Das Urteilen.* München: Piper Verlag GmbH.

Arendt, H. (2016). *Denktagebuch.* München/Berlin: Piper Verlag GmbH.

Aristoteles. (1985). *Philosophische Bibliothek, Bd. 5, Nikomachische Ethik.* (G. Bien, Hrsg.) Hamburg: Felix Meiner Verlag.

Bercelli, D. (2018). *Körperübungen für die Traumaheilung und zur Stressreduktion im Alltag* (8. Auflage Ausg.). (P. Brandenburg, Übers.) Papenburg: Norddeutsches Institut fü Bioenergetische Analyse e.V. (NIBA).

Buchheim, T. (1994). *Die Vorsokratiker: Ein philosophisches Portrait.* München: C.H. Beck.

Fonagy, P., Gergely, G., Jurist, E. L., & Target, M. (2008). *Affektregulierung, Mentalisierung und die Entwicklung des Selbst.* Stuttgart: Klett-Cotta.

Heidegger, M. (2006). *Sein und Zeit.* Tübingen: Max Niemeyer Verlag.

Heidegger, M. (2010). *Über den Humanismus.* Frankfurt am Main: Vittorio Klostermann GmbH.

Hisamatsu, S.-i. (2011). Eine Erläuterung des Lin-chi-(=Rinzai)-Zen. In R. Ohashi (Hrsg.), *Die Philosophie der Kyôto-Schule* (K. Tsujimura, & H. Buchner, Übers., S. 218 - 221). Freiburg im Breisgau: Verlag Karl Alber in der Verlag Herder GmbH.

Kant, I. (1960). *Werke in sechs Bänden* (7. unveränderte Auflage 2011 (unveränderter Nachdruck der Sonderausgabe

Darmstadt 1998) Ausg.). (W. Weischedel, Hrsg., M. Bock, &
N. Hinske, Übers.) Wiesbaden: Insel Verlag.

Kierkegaard, S. (2005). *Die Krankheit zum Tode. Furcht und Zittern.
Die Wiederholung. Der Begriff der Angst.* (H. Diem, & W.
Rest, Hrsg.) München: Deutscher Taschenbuch Verlag.

Kolb, H.-P. (2017a). *Dasein, um zu lieben. Daseinsanalytische
Grundlagen für Psychologie und Psychotherapie (2018
überarbeitete Fassung).* Norderstedt: BoD - Books on
Demand.

Kolb, H.-P. (2017b). *Rhythmus, Intuition und Liebe. Die Rolle der
Körperlichkeit bei der Daseinsanalyse (2018 überarbeitete
Fassung).* Norderstedt: BoD - Books on Demand.

Kolb, H.-P. (2017c). *Liebe, Macht und Sexualität. Wie können wir in
diesem Spannungsfeld glücklich werden? (2018
überarbeitete Fassung).* Norderstedt: BoD - Books on
Demand.

Kolb, H.-P. (2017d). *Religion, Ökumene und Liebe. Daseinsanalytische Religionsphilosophie (2018 überarbeitete Fassung).*
Norderstedt: BoD - Books on Demand.

Kolb, H.-P. (2017e). *Natur und Liebe. Eine teleologische Konzeption
der Konstitution und Entwicklung der Natur (2018
überarbeitete Fassung).* Norderstedt: BoD - Books on
Demand.

Kolb, H.-P. (2017f). *Liebe und Resonanz. Daseinsanalytische Be-
trachtungen im Zusammenhang mit Themen der Weltbe-
ziehungen (2018 überarbeitete Fassung).* Norderstedt: BoD
- Books on Demand.

Kolb, H.-P. (2017g). *Daseinsanalyse in der Psychotherapie.
Liebeserklärungen oder echte und unmittelbare Erfahrung
von Liebe? (2018 überarbeitete Fassung).* Norderstedt: BoD
- Books on Demand.

Kolb, H.-P. (2020a). *Psychologisch-philosophische Untersuchungen.
Für ein liebevolles Verständnis unseres menschlichen
Daseins.* Norderstedt: BOD - Books on Demand.

Kolb, H.-P. (2020b). *Die Liebe leben und das Leben lieben.
Geschichten aus dem Leben.* Mauritius: Der Trainerverlag.

Küng, H. (1994). *Das Christentum. Wesen und Geschichte.* München: Piper Verlag GmbH.

Miller, A. (1991). *Der gemiedene Schlüssel.* Frankfurt: Suhrkamp Taschenbuch Verlag.

Rentsch, T. (1999). *Die Konstitution der Moralität: transzendentale Anthropologie und praktische Philosophie.* Frankfurt am Main: Suhrkamp-Taschenbuch Wissenschaft.

Schmitz, H. (2011). *Der Leib.* Berlin/Boston: de Gruyter.

Tanabe, H. (2011). Versuch, die Bedeutung der Logik der Spezies zu klären. In R. Ohashi (Hrsg.), *Die Philosophie der Kyôto-Schule* (J. Laube, Übers., S. 137 - 183). Freiburg im Breisgau: Verlag Karl Alber in der Verlag Herder GmbH.

Wittgenstein, L. (2001). *Philosophische Untersuchungen; Kritisch-genetische Edition.* (J. Schulte, Hrsg.) Frankfurt am Main: Suhrkamp Verlag.